축 구 교 본

監修 李 愚 鉉
一信・스포츠書籍 編輯室 編

일신서적출판사

◀ '90 로마 월드컵 대회에서 골을 넣고 기뻐하는 로베르토 바지오.

▼ 유럽 선수권 대회에서 맹위를 떨친 벨기에의 니코 클라에센.

▼ '90 로마 월드컵 대회에서 콜롬비아 골키퍼 히기타의 실수로 득점 기회를 잡은 카메룬의 노장 밀라.

▼ '90 로마 월드컵 대회에서 공중 볼을 다투고 있는 스페인과 유고슬라비아의 두 선수.

▲ 유럽 선수권 대회에서 파괴력 있는 왼발 슛을 보여주고 있는 벨기에의 클레망스.

▼ 운동장 전경

"여자 축구!"

'90 북경 아시안 게임에서 시범 종목으로 채택되었던 여자 축구는 이제 우리 나라에서도 활발해질 전망이다.

따라서 유럽의 여자 축구 강호들과 겨루기 위해서 우리 나라는, 먼저 선수들을 어릴 때부터 육성하여, 기술적·전술적으로 높은 능력을 갖추도록 하는 것이 급선무이다.

▼ 롱 슛

▲ 패스

"트레이닝"

연습은 3단계로 나누어서 하는 것이 좋다. 즉, 1단계로는 기초 연습, 2단계로는 응용 연습, 3단계로는 실전적 연습을 행하는 것이 좋다.

▲ 수비벽을 피하면서 차는 슛.

▶ 킥

◀ 드리블

▶ 볼 스톱

◀ 유럽 선수권 대회에서 벨기에와 대전중인 독일의 시틸리케의 숫 폼.

▼ '90 로마 월드컵 대회에서 골을 넣고 관중에게 두 손을 들어 보이고 있는 독일의 클린스 만.

▶ 스위스 대표인 루시안 파블.

▼ 스위스 대표인 잔 필리페 뒤랑의 볼 스톱 묘기.

▲ 유럽 선수권 대회에서 공을 놓고 서로 다투고 있는 독일과 벨기에 선수들.

▶ '90 로마 월드컵 대회의 마스코트 챠오(Ciao)

1대 1의 플레이
포그츠는 1대 1의 플레이에서 상대방에 대해 강하고 냉철하게 대처하는 선수이다.

삼각 패스의 공격 방법

포지션 첸지에
뛰어난
브라질의 토스탄.

보비·찰톤
66년 월드 컵에서 우승
잉글랜드의 중반에서
상대방의 태클을
피하는 콘트롤 기술

세계적인 스트라이커 게르트·뮐러의 드리블

수비의 최대 과제는 상대의 보올을 끝까지 빼앗아 내는 데 있다.

축 구 교 본

일 신 서 적 출 판 사

● 머리말

　전세계를 통틀어 볼 때 스포오츠의 종목 수는 무려 50여 종에 이른다. 그러나 축구만큼 많은 나라에서 즐기고, 인기 높은 스포오츠는 없는 것 같다.
　특히, 우리나라에서의 축구에 대한 인기도는 어느 스포오츠에 비할 바가 못된다. 요즈음에는 각 지역마다 조기 축구회를 조직하여 건강관리를 위한 운동으로 각광을 받고 있다.
　이 책에서는 축구의 기본 전술에 대하여 제3장에서 되도록 자세하게 구체적으로 설명하였고, 전술의 진수를 제4장에서 설명하였다. 제6장에서는 경기규칙과 경기설비에 대하여 비교적 상세하게 설명하였다. 또 끝에 축구에 관한 전반적인 용어를 원어와 함께 해설하여 이 책을 이해하는데 도움이 되도록 하였다.
　끝으로 본문 내용에 대해서는 이 우현 대한축구협회 심판위원장을 비롯한 여러분이 감수의 수고를 아끼지 않았으며 또한 자료 제공에 있어 절대적 협조와 수고에 대해 충심으로 감사하는 바이다.
　본서는 초심자를 염두에 두고 가급적 상세하게 서술했기 때문에 많은 축구 팬 및 선수들에게 훌륭한 축구 코우치의 역할을 다해 낼 줄 믿는다.

◆ 차 례

제1장 축구의 묘미
세계 최대의 스포오츠 / 17
축구의 묘미 / 17
스스로 즐길 수 있는 축구 / 19
축구의 관전법 / 21

제2장 세계 축구의 역사
축구의 역사 / 23
F·A 성립 이전의 축구 / 23
FA의 발전과 FIFA의 탄생 / 24

제3장 기본 기술
연습 계획을 작성하기 위하여 … 27
자기 보올을 가질 것 / 27'
자신과 담력을 기른다 / 28
연습 계획의 수립 / 28
연습 계획의 실제 / 31
연습의 3단계 / 32
스톱과 패스 …………………… 33
스톱의 요령 / 33
패스의 요령(킥과 헤딩) / 34
인스텝(발등) …………………… 35

보올의 연습부터 / 35
땅 위의 보올을 찬다 / 36
높은 보올을 찬다 / 38
발등으로 멈춘다(스톱 또는 트래핑) / 40
인사이드(발 안쪽) ……………… 42
칼로 잔디를 베어 내듯이 / 42
발등의 바깥 쪽 ………………… 46
교묘한 킥 / 46
인프론트(발등의 안쪽) ………… 48
보올을 높이 올린다 / 48
여러가지 키킹 ………………… 50
킥의 종류 / 50
반드시 익히지 않아도 될 킥 / 50
변형 플레이의 킥 / 52
오우버헤드 킥 / 54
점프 발리 킥 / 54
헤 딩 …………………………… 56
헤딩의 구실과 종류 / 56
헤딩의 4대 포인트 / 56
선 채 앞으로의 헤딩(스탠딩헤딩 1) / 58
선 채 옆으로의 헤딩(스탠딩헤딩 2) / 59

차 례

선 채 뒤로 헤딩 (스탠딩 헤딩 3) / 60
점프 헤딩 / 62
다이빙 헤딩 / 64

여러가지 트래핑 ·················· 66
멈추어, 젖히고, 찬다 / 66
트래핑 종류 / 67
발의 안쪽으로 하는 트래핑 / 67
발등으로 하는 트래핑 / 69
발등 바깥쪽으로 하는 트래핑 / 69
발바닥으로 하는 트래핑 / 70
발 뒤꿈치로 하는 트래핑 / 71.
정강이로 하는 트래핑 / 72
넓적다리로 하는 트래핑 / 73
배로 하는 트래핑 / 74
가슴으로 하는 트래핑 / 75
이마로 하는 트래핑 / 78

드리블 ························· 80
오래 갖고 있으면 안된다 / 80
드리블의 종류 / 80
드리블의 5 대 포인트 / 82

페인트 ························· 85
페인트도 기본 기술 / 85

페인트의 3 대 포인트 / 86
페인트의 종류 / 86

보올 리프팅 ···················· 98
보올 리프팅의 필요성 / 98
연습은 1 종목씩 / 98
보올 콘트롤의 포인트 / 98
발등으로 하는 리프팅 / 99
넓적다리로 하는 리프팅 / 99
이마로 하는 리프팅 / 100
그 밖의 리프팅 / 100
그루우프로 하는 리프팅 / 100

태클과 차아지 ················· 102
태클의 종류와 그 포인트 / 102
어깨로 어깨를 민다 (쇼울더 차아지) / 103
스탠딩 태클 / 105
슬라이딩 태클 / 107

드로우 인 ···················· 109
오프사이드가 없다 / 109
올바른 드로우인 / 111
드로우인은 임기응변으로 / 112

슈팅 ························ 113
슛의 거리 · 각도 · 표적 / 113

◆ 차 례

여러가지 슛 / 115
보올에서 눈을 떼지 말 것 / 117
좌·우 어디서나 슛 할 수 있도록 / 117
고올 키이퍼 ·················· 119
  고올 키이퍼의 역할 / 119
  고올 키이퍼의 5대 포인트 / 122
  캐칭 / 123
  펀칭 / 128
  데프렉팅 / 130
  다이빙 / 132
  캐치 보올의 처리 / 134

제 4 장 기본 전술
보올을 둘러 싼 경쟁 ········· 137
  3종류의 전술 / 137
  전술의 2대 포인트 / 138
개인 전술 ····················· 138
  개인 전술의 기본 / 139
1대 1에서 승리해야 한다 ····· 140
  승부를 결정하는 것 / 140
  상대방의 의도를 알아차린다 / 141
자기 편에 보낸다 ············· 142

그루우프 전술 / 142
패스를 받는 움직임 / 143
패스를 보낼 때 / 143
패스하곤 달린다(패스 앤드 고우) / 144
패스 연습은 실전에 맞게 / 145
전개한다 ····················· 147
  패스의 콤비네이션 / 147
  삼각 패스—첫번째 패스가 중요 / 147
  둔각을 벌린다—전개의 기본 / 148
  짧게 그리고 길게 / 148
수비의 전술 ··················· 149
  술래잡기의 술래가 된다(마아크) / 149
  마아크의 3원칙 / 149
  합세하여 수비한다 / 151
  패인은 분업(分業)에서 / 152
  조운과 맨 투우 맨 / 153
  수비는 공격의 스타아트 / 155
그루우프의 연습 ··············· 156
  코우치의 역할 / 156
  수비자가 없는 연습 / 156
  1대 1 / 157
  2대 1 (삼각 패스) / 157

= 차 례 ◆

2 대 1 (보올 키이핑) / 158
2 대 2 / 158
3 대 1 / 158
3 대 2 / 159
3 대 3 의 게임 / 159
3 대 3 플러스 1 / 159
4 대 2 / 159
4 대 4 / 160
5 대 5 / 160
5 대 5 플러스 1 / 160
6 대 6 / 160
하아프 매치 / 161
8 대 8 의 게임 / 161

티임의 전술 ·················· 162
  승리하기 위한 집단 전술 / 162
  공격의 전술 / 164
  수비의 전술 / 167

시스템 ························· 170
  시스템이란 / 170
  시스템의 역사 / 170
  WM형의 포인트 / 173
  4 : 3 : 3 의 포인트 / 174

  수비 라인의 수비법 / 176

아웃 오프 플레이부터의 전술 ··· 179
  중단 후의 재개는 신속히 / 179
  코오너 킥부터의 공격 / 179
  코오너 킥에 대한 수비 / 180
  프리킥부터의 공격 / 181
  프리킥에 대한 수비 / 182

제 5 장 여러가지 연습

축구를 위한 체조 ·············· 185
  체조는 처방이 중요하다 / 185
  순발력을 기르는 체조 / 186
  근육 단련을 위한 체조 / 187
  8 종목의 체조 / 187
  메디신 보올을 사용하는 체조 / 187

워어밍 업 ···················· 190
  기술의 연습을 겸하여 / 190
  공중에서의 보올 키이프 / 190
  기본 워어밍 업 / 190
  헤딩 / 192
  핸드보올 / 192
  풋보올 테니스 / 193

◆ 차 례

제6장 경기규칙과 경기설비
  경기규칙 ·························· 195
    보올 / 195
    경기자의 용구 / 195
    플레이어 / 196
    경기 시간 / 196
    킥 오프 / 196
    득점 / 197
    아웃 오브 플레이와 인플레이 / 197
    드로우-인 / 197
    고울 킥 / 197
    코오너 킥 / 198
    프리이 킥 / 198
    프리이 킥일 때 / 198
    페널티 킥 / 198
    오프사이드 / 199
    파울과 부정행위 / 200
    드롭 보올 / 203
  경기설비 ·························· 204
    1. 보올 / 204
    2. 축구화 / 205
    3. 유니포옴 / 205
    4. 그라운드 / 205
    5. 보올 펜듀럼 ⅓ 205
    6. 숫판 / 206
◆ 축구에 관한 용어 해설 ············ 207

제 1 장 축구의 묘미

■ 세계 최대의 스포오츠

축구는 세계적으로 가장 널리 행해지고 있는 스포오츠이다. 야구의 경우에는 미국을 비롯하여 우리 나라, 일본, 필리핀, 멕시코, 네덜란드, 남아메리카의 여러나라 등 한정된 지역에서 즐기고 있는 데 불과하다. 반면, 축구는 전세계의 모든 나라에서 행해지고 있다고 해도 과언이 아니다. 유럽과 아메리카, 아시아에서 즐기는 것은 물론, 아프리카의 여러 나라에서도 축구를 즐기지 않는 나라가 거의 없다.

유럽이나 남아메리카의 경우, 일류 축구 시합에는 10만 명 이상이나 관객이 모인다고 한다.

우리 나라에서도 흔히 볼 수 있는 광경이지만, 외국의 어느 나라에서도 눈에 띄는 것은, 어린이들이 길가에서 보올을 차며 놀고 있는 모습이다. 다시 말해 세계의 모든 나라에서 많은 관중을 동원하고 어린이들까지도 즐길 수 있는 - 이러한 스포오츠는 별로 없을 것이다. 축구는 세계 최대의 스포오츠이며, 가장 재미있는 스포오츠이다. 이것은 재론할 여지도 없을 만큼 세계적으로 증명되고 있다.

■ 축구의 묘미

「축구는 정말 흥미있는 스포오츠인가」하고 묻는 사람이 간혹 있다. 이런 물음에 대한 대답은 달리 없다. 축

축구의 묘미

구의 흥미는 스스로 좋은 시합을 관전하다 보면 저절로 정확한 대답을 얻어낼 수가 있을 것이다. 만약, 자기 스스로 보올을 차기 시작해 보면, 그 매력에 이끌려 싫증을 느끼지 않는 것이 이 스포오츠의 특징이다. 축구로의 입구는「넓고˙깊이가 있으며, 상냥하며 또한 어렵다」라고 표현할 수 있는 것이 축구의 묘미이다.

그럼, 축구가 흥미로운 스포오츠로

축구의 묘미
최후의 목적인 득점으로 연결시키려는 과정이 흥미롭다.

각광을 받고 있는 이유를 알아보기로 한다.

1. 경기가 끊임없이 움직인다.

끊임없이 새로운 장면이 연출된다. 즉, 변화가 다양하여 어느 다른 게임에서나 똑같은 장면이 연출되는 경우란 없다. 이러한 축구의 묘미를 살리기 위해, 오늘날의 축구에서는 경기를 중단시키지 않으려고 하는 것이 세계적인 추세이다.

2. 넓은 장소에서 전개된다.

흔히, 축구의 매력은 스피이디함에 있다고들 한다. 그러나, 단순한 스피이드만으로는 단조로와 싫증이 난다. 넓은 장소에서 이 스피이드가 종횡으로 전개되는 데에 어느 스포오츠와는 다른 축구의 묘미가 있다.

3. 개인기의 묘미가 있다.

축구는 단체 경기이므로, 티임은 11명의 개인기로 이루어지고 있다. 뛰어난 초인적인 플레이는 그 나름대로 훌륭하며, 11명의 개인기가 1개의 티임을 이루고, 득점으로 연결시키려는 플레이의 구성의 묘미가 있다.

축구는, 단체 경기 중에서 개인의 기교가 가장 필요한 스포오츠이다. 티임 플레이도 개인기가 바탕이 되고 있으므로, 최근 축구를 관전하는 사람이 개인기에도 주목하는 것은 좋은 현상이다.

■ 스스로 즐길 수 있는 축구

축구는 관전하는 것도 흥미롭지만, 직접 플레이를 하는 쪽이 더욱 즐겁지 않을까 생각된다. 시합을 보고 「축구는 정말 재미있다」라는 생각이 들었다면, 다음에는 반드시 스스로 보올을 차며 플레이 하는 즐거움을 맛보기 바란다.

축구는 특히 소년들의 스포오츠로써 가장 적당하다고 생각된다. 다음, 축구에는 어떤 장점이 있는지 알아보기로 한다.

1. 이해하기 쉽다

축구의 루울은 고작 전17조의 간단한 점도 있지만, 무엇보다도 발로 보올을 다루는 데서 비롯되는 즐거움이 크다.

손에 비하면 발은 그다지 길들여져 있지 않는 편이다. 그래서, 발로 보올을 다루기 시작하면 현저하게 익숙해져 감을 스스로 깨닫게 된다. 이러한 쾌감으로 말미암아 축구에 대한 흥미가 더욱 높아진다.

2. 모두가 즐길 수 있다.

야구의 경우, 외야를 수비하는 선수는 한 번도 보올을 만져 보지 못하고 경기를 끝내는 수도 있다. 타석에는 한 시합에 보통 서너 차례 들어서는데, 그때마다 삼진당함으로써 배트로 보올을 때려 보지 못하는 경우도 적지 않다. 그러나, 축구에서는 언제나 전원이 쉴새없이 플레이를 하고 있다. 설사 자기 쪽으로 보올이 오지 않을 경우라도 전체의 상황에 비추어 위치를 적당히 이동을 해야 한다. 그래서, 참가자 모두가 티임에 참가하고 있는 기분을 맛볼 수가 있다. 물

축구의 묘미

축구의 장점 어른이든 어린이든 누구나 즐길 수 있는 옥외 전신 운동이다.

론 야구의 경우에도 수비 티임 전원이 1투 1타에 신경을 쓰기는 하지만, 그 정도까지 이해하려면 야구에 대하여 고도의 지식을 지니고 있어야 한다.

3. 누구든 할 수 있다.

축구는 키가 작은 사람이든, 체중이 가볍든간에 저마다의 특징을 살려 즐길 수가 있다. 발은 빠를수록 바람직하지만, 좀 느려도 감당할 수 있다. 축구는 육상 경기와 같은 스포오츠와는 매우 다른 점이 있으므로, 단순히 취미 정도로 즐기는 데는 나이라든가 신체 조건이 어떠하든 가능하다.

4. 옥외의 전신 운동이다.

클럽 따위에서 축구를 즐기고 있는 소년들에게「왜 축구를 시작했느냐」하고 물었더니,「건강해지려면 축구를 하라고 엄마가 권해서 시작했다」라고 대답하는 소년이 많았다고 한다. 사실, 넓고 푸른 하늘 아래서 마음껏 뛰고 달리는 것은 어린이들의 건강을 위해서나 꿈을 키워 주는데도 안성마춤이다.

5. 티임 플레이이다

육상경기와 같이 개인 종목을 하는 사람과 축구와 같이 단체 경기를 한 사람은 성격상으로 다른 점이 많다. 개인적 스포오츠에도 장점이 있지만, 팀 게임의 장점은 무엇보다도 친구들간에 협동정신을 기를 수가 있어서 좋다. 제아무리 천재적인 소질을 지닌 선수라할지라도 혼자서 축구를 할 수는 없다. 여러명이 서로 협력하는 마음가짐을 기를 수 있게 된다.

6. 트레이닝이 된다

올림픽 선수촌의 연습창에서 외국의 육상선수나 복싱선수가 축구를 하는 광경을 간혹 볼 수 있다고 한다. 물론, 단순한 유희로서 축구를 하는 경우도 있지만, 코우치의 지휘 아래 트레이닝으로서 축구를 하고 있다.

이상 열거한 외에도 축구의 장점은 헤아릴 수 없을 정도로 많다. 다른 스포오츠를 하는 외국의 일류 선수 중에도 어렸을 때에는 축구를 즐긴 경력이 많다. 유도의 금메달 보유자인 네덜란드의 헤싱크, 올림픽 마라톤에서 2연패한 이디오피아의 아베베, 선수 생활 중 무패를 기록한 채 은퇴한 멕시코 태생의 세계 패더급 챔피언인 사르지발과 같은 권투선수 등이 그 대표적인 예이다.

특히, 체격이나 근력이 아직 충분히 발달되지 않은 소년들에게 있어서는 축구만큼 기교적이며 전신 운동도 없을 것이다.

■ 축구의 관전법

축구를 관전하는 데는 어려운 안내가 필요 없다. 축구를 처음으로 보는 사람이라도 30분 정도 보고 나면, 루울의 대충을 알 수 있게 된다. 야구의 루울은 한 권의 책이 될수 있을 만큼 많고 상세하나, 축구의 루울은 단지 17조 밖에 없다.

「축구규칙 중 중요한 것은 제18조이다」라는 말이 있다. 제18조는 일종의 건전한 식견 즉, 양식(良識)과 같은 것으로, 실제로는 루울에는 없는 것이다.

축구를 처음 대하는 사람에게는 다소 이해하기 어려운 것이 오프사이드의 규칙이다. 이를 요약하면, 상대방 뒤쪽에서 대기하면 안된다 - 라는 것으로, 간단한 해설을 보면 알 수 있다. 그밖에 자세한 사항은 시합을 관전하거나 실제 축구를 하게 되면 자연 알게 된다.

축구에 관한 해설책의 대부분은 처음에 루울의 설명이 있고, 기초 기술의 포옴이 있고, 끝으로 관전법이 실려있다. 그러나, 소년들은 우선 어른들의 축구 시합을 보고 그 흉내를 내게 되고, 그러는 동안 팀에 참가하여 본격적인 연습을 하게 된다. 해설책의 순서와 반대의 코오스이다.

물론, 루울은 알아 두어야 하며, 루울의 충분한 해석과 플레이의 정신도 알아 두어야 한다.

축구의 묘미

제 2 장 세계 축구의 역사

■ 축구의 역사

일명, 사커(Soccer)라고 불리우는 축구는 1863년 12월 8일 화요일 런던에서 11개 풋보올 클럽 대표들이 모여 만든 명칭이다.

그 이전에는, 잉글랜드의 각 지방, 각 학교, 각 클럽이 각기 독자적인 루울에 따라, 자기들만의 독특한 풋보올의 경기를 즐겼다.

그러나, 런던시 및 그 주변의 클럽 상호간의 대외 시합이 자주 거행됨에 따라 통일된 규칙이 필요하게 되면서 11개 클럽이 1863년 10월 26일에 협회를 결성하여 이것을 풋보올 어소우시에이션(Football Association)이라고 부르게 되었다. 그 다음해 통일된 경기규칙을 작성하여, 이것을 풋보올 어소우시에이션 로우스(Football Association Laws)라 명칭하였다. 그 후 이것을 간략하게 부르기 위해 영국 대학생들의 속어 법칙에 따라, association의 첫 음절인 「AS」를 생략하고, 제 2음절인 「SOC」의 끝 자음 「C」를 겹쳐, 「SOCC」로 부르다가, 다시 「ER」을 붙여 SOCCER 즉 오늘날의 사커라는 이름으로 불리우고 있다.

■ F·A 성립 이전의 축구

발로 보올을 차는 팀 경기 즉, 풋보올은 여러나라에서 여러가지의 각기 다른 루울로 행해졌었다.

중국에서는 전한(前漢) 시대 즉, 기원전 200년부터 「拔蹴」이라 부르는 공을 차는 경기가 행해졌다고 한다. 기원전 3세기 경에 그려진 로마나 이집트 시대의 벽화를 보면 보올을 차는 그림이 있다. 그런가 하면, 고대 로마인들은 털을 가죽 속에 뭉쳐 넣어 만든 보올을 던지는 게임, 즉 하르파스툼(harpastum)을 즐겼다고 전해진다.

영국에서 풋보올이 행해진 것을 나타낸 기록은 12세기에 이르러 비로소 나타나 있다.

그것은 슈로브타이드(Shrovetide) 풋 보올이라고 부르는데, 렌트(Lent)의 기간(부활제 전야까지의 40일간, 예수가 황야에서 수난받은 것을 기념하는)에 접어드는 전날인 고해 화요일(告解火曜日)에 제례 행사로, 투계(鬪鷄) 등과 같은 여흥으로 풋보올을 행한 기록이다.

이 고해 화요일에 행하는 풋보올은 그때 청소년간에 매우 널리 보급되어 갔는데, 13세기, 14세기에 이르러 더욱 열광적인 인기로 파급되어, 그 때문에 청소년들이 다른 무예를 게을리 한다든가 부상자가 속출한다든가 하는 소동 때문에 일반 시민에까지 피해를 입히는 사태까지 벌어졌다.

그래서, 국왕에 의한 풋보올 금지령이 15세기 후반까지 여러번 공포되었다. 또한, 16세기에는 교회의 예배를 게을리한다는 이유로 청교도로부터 공격을 받아 일반 대중의 풋 보올은 차츰 쇠퇴되어 갔다.

그런데, 해외와 교류하는 기회가 많아짐에 따라 이태리의 귀족 계급이 카루쵸라는 게임을 즐기고 있다는 사실에 자극되어 상류 사회층에서 풋보올이 다시 유행하기 시작했고, 또한, 단체경기가 갖는 교육적 가치가 인식됨에 따라, 풋보올이 전원 기숙제인 버브릭 스쿠울을 비롯하여 각급 학교에서 널리 보급되어 갔다.

버브릭 스쿠울의 게임 전경

1638년, 제임스 1세는 축구가 단결력과 조직력을 길러 주어 국방면에서 크게 도움이 된다고 판단하고, 축구 금지령을 없애고, 오히려 전세계에 산재해 있는 영국 영토에 축구를 보급시키기에 이르렀다.

■ FA의 발전과 FIFA의 탄생

1863년에 F·A가 성립할 때의 가맹 클럽은 11개이었으나 6년간에 29개로 증가했다.

그 뒤, 영국은 국장을 FA의 총재로 추대했으며, 1870년에는 런던에 있는 몇 개의 클럽 가운데 잉글랜드 태생의 선수와 스코틀랜드 태생의 선수를 구분하여 2개 팀이 대항전을 벌이게 하였다.

1871년에는 FA 이사인 C·W 오르콕씨의 제안에 의해 FA컵 쟁탈 선수권 대회가 창설되었다. 제1회 대회의 참가 신청은 15개 팀이었는데, 1876년에는 37개, 1952년에는 600여개 팀으로 신장되었다.

런던을 중심으로 잉글랜드 내에 FA식 축구가 보급됨에 따라 1873년에는 스코틀랜드 FA가 성립했고, 1876년에는 웰즈가, 1880년에는 아일랜드가 FA를 성립하였다.

또한, 빅토리아여왕 치하의 영국의 해외 발전에 수반하여, 이 영국에서 탄생한 축구는 세계 각국에 소개되어 1882년에는 남아프리카 공화국에 FA가 조직됨을 계기로 1889년에는 덴마아크가 1891년에는 뉴우질랜드, 1893년에 아르헨티나, 1898년에 이탈리아, 1900년에는 도이칠란트 및 우루과이로 계속 FA가 조직되어 이들 7개국에 의해 1904년에 F.I.F.A (Federation International de Football Association) - (약칭 F.A 국제연맹)이 결성되었다. 그리하여, 오늘날에는 이 FIFA의 가맹 회원국은 UN 가맹국 수에 가까운 145여개의 조직이 되었으며, 경기 인구는 8억이 넘는다고 한다.

월드 컵
(월드 컵의 창시자의 이름을 따서 일명 줄·리메 컵이라고도 한다.)

세계적인 경기 대회로써는, 올림픽 대회의 정식 종목으로 행하는 것과 1930년 FIFA의 주관으로 올림픽 중간에 4년마다 한 번씩 열리는 세계 축구 선수권 대회가 있다.

◆◆◆◆◆◆◆

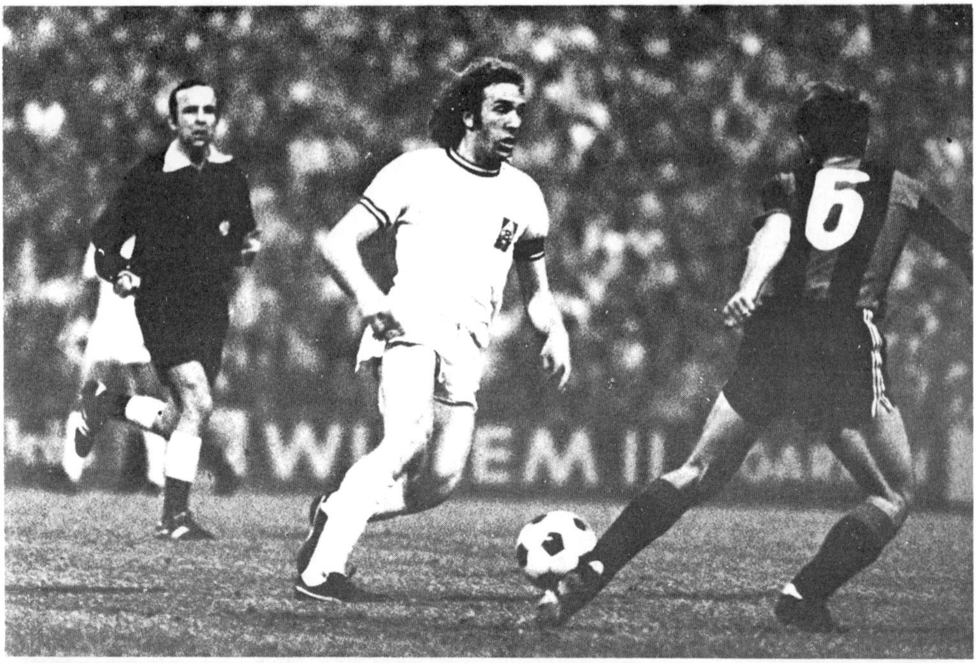

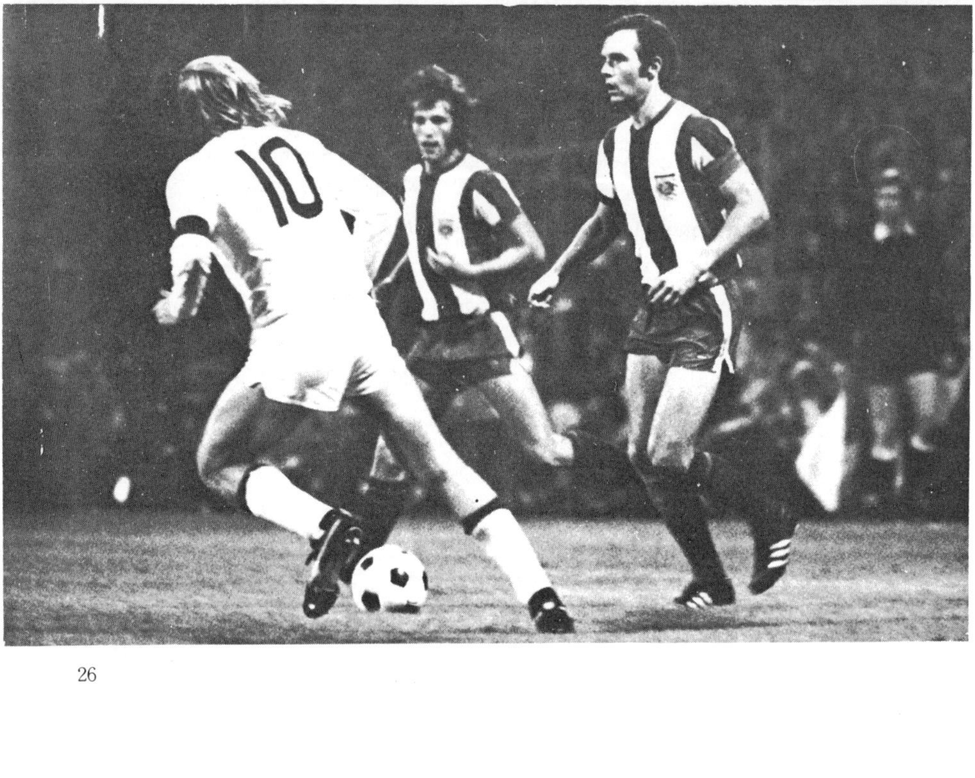

연습 계획을 작성하기 위하여

제3장 기본 기술

보올에 익숙해 질 것

연습 계획을 작성하기 위하여

■ 자기 보올을 가질 것

축구의 첫걸음은 우선 시합을 하는데 있고, 향상되려면 시합의 경험이 많을수록 좋다. 그리고, 축구를 하는 최종 목적은 물론 시합을 즐기는데 있다.

그러나, 축구의 어느 수준까지 도달하려면, 게임만으로는 향상될 수 없는 한계가 있다. 즉, 시합 중에 한 사람의 선수가 보올을 접촉하는 기회가 의외로 적어, 축구에서 가장 중요한 보올을 다루는 기술을 시합만으로는 충분히 습득할 수가 없다.

90분간의 정식 시합에서 한 사람의 선수가 보올을 접촉하는 횟수는 평균 80회 정도로, 시간은 중심 역할을 하는 선수의 경우 최고 2분 30초라는 통계가 있다.

시합을 할 때는, 자기편과 상대편의 선수들 22명이 1개의 보올을 가지고 하기 때문에 한 선수가 보올을 접촉하는 기회가 이처럼 짧은 것은 당연하다. 또한, 그 적은 기회마저 보올 취급을 정확히 못했을 때에는 상대편에게 보올이 넘어가 버려, 더욱 줄어든다. 시합 외에 기본 기술 즉, 보올 콘트롤 연습이 필요한 까닭은 바로 여기에 있다.

연습에서는 시합의 몇 백 배에 해

27

기본 기술

당되는 시간과 횟수를 정해 두면 얼마든지 보올을 접할 수가 있다. 이 기회를 통하여 정확하게 재빨리 보올을 다루는 기술을 몸에 익혀 두는 일이 무엇보다 중요하다.

물론, 팀 플레이나 체력을 단련하는 데는 연습이 필요하나, 한 사람 한 사람의 보올 콘트롤이 우선 앞서야 한다.

보올 다루는 솜씨가 좋아지려면 보올에 접촉하는 시간이 많을수록 좋다. 그러기 위해서는 모든 선수들이 각자 보올을 1개씩 준비하여 연습해야 한다. 만약 여의치 않을 때는 최소한 2명당 1개의 보올을 준비한다.

■ 자신과 담력을 기른다.

기본 기술은 자기가 마음먹은 대로 보올을 멈추게 하거나, 패스 또는 드리블하기 위한 것이다. 실제 시합 중에 쓰이는 기술을 골라 되풀이하면서 연습하도록 한다. 따라서, 연습 그 자체가 「연습을 위한 연습」으로 그치고 말아, 실제 시합에서 이를 활용하지 못하면 아무 소용이 없다. 연습할 때는 잘 하던 선수가 막상 시합에 임해 상대편과 맞붙게 되면 제대로 해내지 못하는 경우가 많다.

이런 점으로 미루어 볼 때, 실제 시합 때에는 상대편도 자기편과 똑같은 승부욕을 가지고 대항하기 때문에 연습에서 쌓은 기술을 충분히 발휘할 수 있는 담력도 함께 길러 자신있게 플레이할 수 있어야 한다.

그러면, 기본 기술이란 어떤 것인가에 대하여 중요한 마음가짐을 들어보기로 한다.

1. **실제 시합에서 구사한다.**

기본 기술은 실제 시합중에 반드시 되풀이 구사되는 것이다. 여러가지 기본 연습의 형태가 있으나 이 모든 형태의 연습은 바로 그러한 형태로 시합중에 연출된다는 것을 알아두도록 한다.

2. **소년도 대표선수도 모두가**

기본 기술은 축구를 처음 배우는 소년이나 올림픽이나 월드 컵에 출장하는 대표 선수에도 마찬가지로 필요한 것이다. 초보자나 프로 선수도 언제나 기본 기술을 되풀이하여 연습해야 한다.

3. **어느 포지션에도**

기본 기술은 포지션에 관계없이 축구를 하는 사람 모두에 필요하다. 고울키이퍼 역시 다른 포지션의 선수와 마찬가지로 기본 기술을 몸에 익혀야 한다.

4. **시합과 연습의 관계**

축구를 처음 시작하는 소년들이나 프로 선수도 시합을 위해 기본 연습을 하며, 시합을 통해 무엇을 연습하지 않으면 안되는가를 발견하게 된다. 아무리 시합 경험을 쌓아도 기본 기술의 연습 없이는 실전에 도움이 되지 못한다.

■ 연습 계획의 수립

1. **90%는 보올을 가지고**

연습 계획을 작성하기 위하여

보올을 사용하는 체조
신체 단련을 위한 트레이닝도 보올을 이용하는 수가 있다. 트레이닝에 열심인 선수들

보올에 많이 접촉하고, 보올에 익숙해지는 것이 기본 연습의 최대의 목적이다. 가능한 한 많은 사람이 오랫동안 보올에 접촉할 수 있도록 연습 계획을 세워야 한다.

그러기 위해서는 될 수 있는 한 보올을 많이 (한 사람에 1개, 적어도 두 사람에 1개) 준비해야 한다. 그리고, 워어밍업이나 러닝 등에도 가능한 한 보올을 이용하는 것이 좋다. 그래야만 연습의 90%를 보올을 다루며 실시할 수가 있다.

예를 들어, 연습에 들어가기 전에 한 사람이 보올 1개씩을 가지고 보올 리프팅(ball lifting)을 하면 워어밍업을 겸할 수가 있다. 또, 정리운동에 드로우인 연습을 끌어들이는 것도 좋다.

2. 능률적으로

한정된 연습 시간내에 각자가 가능한한 보올을 많이 접촉하기 위해서는 능률적인 연습 형식에 대하여 연구해야 한다.

한가지 연습 형식으로 많은 목적을

기본 기술

아울러 달성할 수 있다. 예를 들면, 혼자서 할 수 있는 워어밍업이나 개인적인 연습은 그루우프 연습전에 각기 자기 컨디션에 따라 마치게 한 다음, 다음 연습은 보올 키이프와 보올을 뺏는 개인 기술의 연습으로 하고, 동시에 패스와 수비의 그루우프 전술의 연습이며, 또, 심한 동작 사이에 가벼운 연습을 뒤섞어 인터어벌 (interval) 형식이 되게 하는 것이다.

〔예〕 4명 1조
① 2명이 패스를 주고 받는 보올키이프. 1명이 보올을 뺏으러 간다(2대 1의 형태).
② 보올을 뺏으면 뺏은 선수는 쉬고, 쉬었던 사람이 공격측(보올을 키이프 하고 있는 측)에 들어가고 실패하여 빼앗긴 사람이 수비(보올을 뺏으러 간다)로 들어간다.

3. 간간이 휴식 시간을 가진다.

심한 연습과 가벼운 연습을 뒤섞어 인터어벌 형식의 계획을 세운다. 실제 시합에서도 격심하게 움직일 때와 가볍게 움직일 때가 있다. 이와 마찬가지로 하루의 연습중에도 심한 연습과 가벼운 연습을 적절히 짜야 한다.

또, 1주간 단위의 연습 계획에도 흥미를 가지게 하기 위해서는 경쟁형식·게임 형식을 섞는 방법도 취해진다.

4. 즐거운 기분으로 단련시킨다.

연습이란 어느 정도 심하고 엄하게 실시해야 하지만, 동시에 선수들이 흥미를 가지고 의욕적으로 임할 수 있도록 배려하지 않으면 안된다. 이러한 배려는 소년 티임의 연습뿐만 아니라 성인 티임의 연습에서도 마찬가지이다.

흥미를 가지게 하기 위해 경쟁형식·시합 형식을 취하는 방법 등이있다. 또, 그루우프로 나누어 시합에 가까운 실전적 게임을 토오너먼트 방식으로 실시하여 우승을 다투게 하는 것도 바람직하다.

[예] 경쟁 형식
① 그루우프로 나누어 헤딩 연습
② 각 그루우프를 세로 1줄로 세우고 한 사람이 선두에 있는 사람과 마주 향하고 보올을 던져 주는 역할을 담당한다.
③ 던져 준 보올을 헤딩으로 던져 준 사람 몸 앞으로 되받아 넘긴 다음 맨 뒷줄로 달려간다.
④ 빨리 한 그루우프가 승리

■ 연습 계획의 실제

연습 계획은 선수의 사정이나 시합의 일정, 티임의 수준 등에 따라 달라진다. 지도자가 티임이 처한 상황과 처지를 잘 관찰하여 결정하는 것과 어떤 모델을 그대로 응용하여 계획을 세우는 것과는 큰 차이가 있다. 또, 일단 세운 계획이라 할지라도 선수들의 사정, 시합의 방법 등에 따라 수정하지 않으면 안된다.

1. 연간 계획

연간 트레이닝 계획은 보통 다음과 같이 나누어 세운다.
① 시이즌 전 : 기초 체력, 기술
② 시이즌 중 : 콤비네이션
③ 시이즌 후 : 다른 스포오츠를 한다.

시이즌 중 처음부터 끝까지 최고의 컨디션을 유지하기란 매우 어렵다. 최고조를 가장 오래 유지할 수 있는 기간은 대개 4주간 정도이다. 어느 시합의 경우에도 마찬가지이지만, 특히 중요한 대회를 치를 때에는 최고의 컨디션을 유지할 수 있도록 각별히 신경을 써야 한다.

2. 1주간 계획

시이즌 중에는 일반적으로 일요일에 시합하고, 1주당 4일 (1일 1시간 반~2시간)을 연습한다. 시합 다음 날은 쉬고, 전날에는 가볍게 컨디션을 조절하는 정도로 그친다. 시합 다음날 미이팅을 하며, 전날 있었던 시합에 대하여 토론과 반성을 하는 것이 좋다. 또한 다음날 있을 시합을 위해 사기를 양양하도록 지도자는 유의한다. 프로그램에 리듬을 가질 필요가 있다

[예] 일요일 : 시합
　　 월요일 : 휴식 (각자 10~15분 간의 체조)
　　 화요일 : 심한 연습 (개인적 기술을 중심으로)
　　 수요일 : 가벼운 연습 (콤비네이

기본 기술

션)
　목요일 : 심한 연습(콤비네이션)
　금요일 : 가벼운 연습(코오너 킥,
　　　　　슛, 드로우인 등의 부
　　　　　분적 팀 플레이 등)
　토요일 : 체조

3. 1일 계획

1일의 연습 시간은 1시간 30분 또는 2시간 정도이다. 특별한 합숙 훈련 때는 오전·오후로 나누어 3∼4시간 연습을 한다. 소년들의 경우에는 1일 1시간∼1시간 30분이 알맞다.

연습 내용을 어떻게 짤 것인가 하는 문제는 각 팀의 사정과 연습 목적에 따라 천차만별이므로, 지도자가 그때 그때의 상황에 맞추어 잘 짜야 한다.

일반적으로 먼저 가벼운 워어밍업부터 시작하여 심한 연습과 가벼운 연습을 적당히 섞어 가며 서로 다른 2∼4가지 종목을 내용과 형식 면에서 잘 변화 시킨다. 또한, 실전과 다름없는 그루우프 연습을 실시하기 위해 두 팀으로 갈라 연습 게임을 하기도 한다. 그리고, 코오너 킥이나 드로우인 등의 팀 플레이 연습을 마지막으로 한다.

소년 팀일 경우에는 개개인의 능력 향상을 주목적으로 삼되 반드시 게임을 한 차례씩 하는 것이 좋다.

■ 연습의 3단계

하나의 플레이에 대한 연습은 대개 다음과 같이 3단계로 나누어 실시하는 것이 좋다.

1. 기초 연습

정지 상태에서의 연습. 전신에 힘을 빼고 (반 분 정도의 힘으로) 정확한 자세를 익힌다. 처음에는 보올을 사용하지 않고 다음에는 보올을 가지고 실시한다.

2. 응용 연습

움직이면서의 연습. 움직임을 더하면서 기초 연습을 행하는데, 차츰 익숙해짐에 따라 움직임의 스피이드를 차츰 높여 나간다.

3. 실전적 연습

상대(방해자)를 두고 하는 연습. 처음에 상대방은 선 채로, 다음에는 실전과 똑같은 방식으로 방해한다.

이상과 같은 3단계의 연습 방법은 순서를 좇아 가르쳐야 하지만, 하나 하나의 단계를 완전히 익힌 다음에, 다음 단계로 이행하는 과정에 너무 얽매여서는 안된다. 어떤 면에서 보면, 이 3단계의 관계는 시합과 연습의 관계와 유사한 점이 있어, 실전적 연습을 하면서 기초 연습으로 돌아와야 할 필요가 생기는 수도 있다. 또, 일류 선수가 된 다음에도 기초 연습을 되풀이 해야 할 필요가 있다.

그리고, 하루의 연습 중에 이 3단계의 연습 계획을 짜고, 여기에 다른 플레이의 다른 단계의 연습을 결부시켜 보는 것도 좋다.

◆◆◆

스톱과 패스

축구의 기본 기술의 목적을 간단하게 말하면, 보올을 멈추는 것과 자기의 것으로 하는 것 그리고, 자기 편에 넘겨 주는 것 또는 슛하는 것이다. 그래서, 처음에 멈추는 기술과 패스의 기술에 대하여 그 중요 포인트를 설명하기로 한다.

보올을 멈추는 것이나 차는 것이나 신체를 사용하는 부분은 마찬가지이다.

그러나, 그 동작은 전혀 반대이다.

■스톱의 요령
1. 마중 나가서 당긴다.

콘크리트 벽을 향해 보올을 힘껏 차면 보올이 힘차게 튀어 되돌아 오는데, 커어튼에 힘껏 찼을 때는 커어튼이 끌려들어 가기 때문에 보올은 스피이드를 죽여 아래로 떨어진다(오른편 그림). 보올을 멈추게 하는 원리는 이와 똑같은 이치이다.

보올에 접촉하는 부분에서, 우선 보올쪽으로 마중을 나가 보올이 오는것에 발을 대어 당긴다. 농구에서 패스를 받을 때 두 손을 앞으로 내밀어 보올을 스톱시키는데 흔히 실패하는 것은 관절의 긴장이 풀리지 않아 보올이 튀어 나가 멀리 굴려 버리는 것이다. 스톱하는 발을 느슨히 하는 것이 요령이다.

2. 정면에서 누를 것

발 안쪽으로 멈추게 하려 했으나, 보올이 발의 바깥쪽으로 빠져 나가는 수가 자주 있다. 이것은 마치 야구에서 포수가 보올을 옆으로 끼워 잡으려다가 실패하는 것과 마찬가지이다. 글로브를 보올의 정면을 향해 눌러잡아야 하듯이, 축구의 보올도 오는 방향의 정면에서 맞이하여야 한다.

스톱의 요령

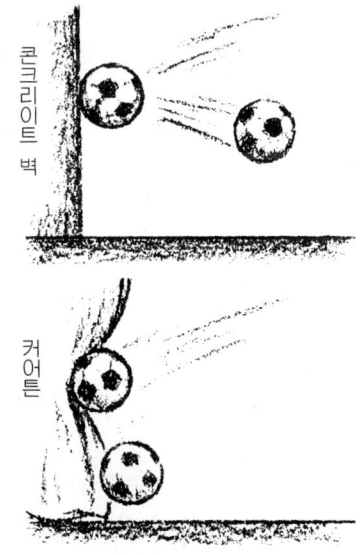

3. 공을 지붕으로 덮는다.

발로 보올을 멈추었을 때, 발로 지면에 삼각형의 지붕을 덮어 그 밑에 보올을 간직하는 모양이 된다.

그렇게 하면 보올은 빠져나가지 않고, 위쪽이나 반대쪽으로 바운드 되어 튕겨 나가지도 않는다. 상대편 선수도 이러한 보올은 간단하게 뺏으려 덤비지 않는다.

보올에 지붕을 씌운다.
(발바닥으로 정지)

보올에 닿는 부분(오른발)

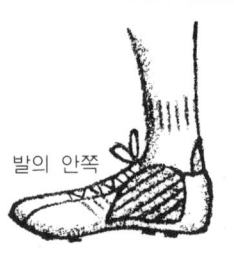
발의 안쪽

발등

발등의 안쪽

발등의 바깥쪽

■ 패스의 요령(킥과 헤딩)

1. 보올이 닿는 부분을 고정 시킬 것

 야구의 배트나 골프의 그립의 끝이 제대로 고정되어 있지 않으면 보올이 어느 방향으로 날아갈지 모른다.

 축구에서도 이와 마찬가지로, 보올을 킥하는 부분은 동요되지 않도록 고정시키지 않으면 안된다. 고정시키는 방법은 킥의 종류에 따라 다르다.

2. 세운 발에 체중을 전부 얹을 것

 보올을 차는 발을 자유로이 움직일 수 있도록 체중을 세운 발에 전부를 얹는다.

3. 세운 발의 끝을 보올을 차려는 방향으로 향한다.

 세운 발은 원칙적으로 보올 바로옆에 내어 딛고, 그 발 끝은 보올을 보낼 방향으로 향한다. 그렇게 하고 보올을 차면 정확하게 그 방향으로 날아간다.

4. 찰 때는 보올을 주시할 것

 축구에 있어서 무엇보다 중요한 것은 한시도 보올에서 눈을 떼어서는 안된다는 점이다. 상대방을 의식하기 전에 우선 보올의 방향을 쫓아야 한다.

인스텝(발 등)

■ 보올의 연습부터

소년들에게 보올을 처음 차게 하면 발끝으로 차려는 경우가 많다. 발끝을 뻗어서 발등으로 차는 것은 발끝이 땅에 부딪히지 않을까 무척 겁을 먹게 된다.

인스텝 킥(instep kick)으로 보올을 다루는 것은 축구의 기본 기술중에서 가장 중요한 것이며 자연스러운 킥인데, 올바른 킥법을 가르키려면, 상당한 노력과 연구가 필요하다.

그러므로, 초보자에게 이 킥법을 지도함에 있어서는 땅에 보올을 놓고 차는 플레이스 킥(Place kick)부터 시작하는 것이 아니라, 공중에 뜬 보올부터 차는 연습을 시키는 것이 훨씬 더 효과적이다.

〔연 습〕

먼저 발등으로 보올을 다루는 감각부터 익히도록 한다.

1. 단 독

① 발끝은 일직선으로 쭉 뻗어 발목을 고정시킨 다음, 보올없이 차는 동작을 해 본다. 처음에는 아주 천천히 그리고, 점점 힘을 주어 오른발·왼발을 교대로 연습해 본다. 다음에는 세운 발을 내딛고 차는 발을 앞으로 내 뻗어 본다.

② 그물 속에 보올을 넣고 늘어 뜨려

인스텝(발등) - 보올이 닿는 부분

기본 기술

1　　　　　　　　2　　　　　　　　3

인스텝 킥
(1) 달린다.
(2) 가슴을 펴고 보울을 주시하면서 세운 발을 내딛고 들어갈 때 차는 발의 백 스윙이 시작된다.
(3) 세운 발은 보울 바로 옆(15cm 정도)에 갖다 놓고 차는 자세로 들어간다.

놓거나, 보울을 노끈으로 매달아 손에 잡고, 차는 발을 충분히 아래를 향해 발등으로 차는 연습을 한다.

2. 2인 1조
① 2인이 1조가 되어, 4～5m의 거리를 둔 채 마주 대하고, 양 손으로 보울을 던져 주어, 보울이 땅에 닿기 전에 발등으로 찬다. (발리킥)
② 양 손으로 잡은 보울을 땅에 떨어뜨려, 땅에서 튀어 오르는 것을 발등으로 차 상대방에게 넘긴다. (드롭 킥)

■ 땅 위의 보울을 찬다.
　발끝을 일직선으로 쭉 뻗고, 발등에 보울을 대는 감각을 완전히 익힌 다음, 땅에 놓은 보울을 차는 연습을 한다. 발등으로 차는 요령을 익힌 후라서 땅에 발끝이 부딪칠 염려가 없으므로 마음놓고 연습해도 된다. 잔디밭 그라운드에서 연습하면 효과적일 뿐더러 안심하고 연습할 수 있을 것이다.

〔연 습〕
1. 단독
　땅에 보울을 놓고 먼저 포옴부터

인스텝(발등)

    4   5   6

(4) 차는 발은 힘을 뺏다가 보올이 닿는 순간에 발목에 힘을 준다.
(5) 찬 다음에는 힘을 빼며 발을 뻗는다.
(6) 체중은 언제나 발에 걸려 있다.

익힌다. 포옴이 몸에 밴 다음에는 보올이 놓인 지점에 2~3보 떨어진 곳에 있다가 걸음을 크게 뛰어 달려가 왼발을 보올 옆에 고정시키고, 오른발을 구르듯 하여 보올의 아래쪽에 발등을 대고 찬다.

2. 2인 1조

① 2~3보 달려가 땅 위에 놓인 보올을 상대방 또는 벽에 차 보낸다.
② 한 사람이 손으로 굴린 보올을 다른 한 사람이 발등으로 차 보낸다. 익숙해지면 서로 발등을 사용하여 보올을 차면서 주고 받는다.

주의 1
슈팅한 보올이 똑바로 라이너성으로 날아가지 않고 위로 떠 올라가는 것은 세운 발의 내디딤이 얕기 때문이다. 보올을 땅에 놓고 차기 직전까지의 포옴을 다시 한번 익히는 것이 좋다.

주의 2
보올의 코오스는 무릎을 보올에 덮치는듯이 차면 보올이 낮게 구르며, 이와 반대로 무릎이 보올의 후방에 있게 되면 보올은 떠 올라간다.

기본 기술

1　　　　　　　　2　　　　　　　　3

발리 킥
(1) 차는 방향으로 세운 발을 놓고 차는 발을 뒤로 당긴다.
(2) 보올을 잘 주시하며 세운 발에 중심을 얹고 차는 발이 충분한 스윙을 할 수 있는 태세를 취한다.
(3) 상반신을 충분히 기우려 발목을 뻗고 그라운드와 수평으로 차는 발로 스윙한다.

■ 높은 보올을 찬다(발리킥)

발리 킥(volley kick)은 보올이 땅에 닿기 전에 차 넘기는 킥법으로, 인스텝킥의 일종이다. 발리 킥에는 앞쪽에서 날아드는 보올을 점프해서 차는 경우, 선 채로 옆으로 차 넘기는 경우, 그리고 점프해서 옆으로 차 넘기는 경우 등이 있다.

흔히 공중에 있는 높은 보올을 발등으로 차는 경우가 실전에 자주 나온다. 특히, 슈팅을 할 때에 매우 좋은 역할을 한다.

이 킥을 배우는데는 다음 세 가지 리듬을 몸에 익힐 필요가 있다.
① 차는 쪽 발에 체중을 옮기고,
② 그리고, 반대쪽의 세운 발을 내 딛고 체중을 걸어,
③ 몸을 옆으로 넘어뜨리면서 차는 발을 충분히 올려 그라운드와 수평으로 차 낸다.

체중을 세운 발에 완전히 옮기지 않으면 상체가 넘어지지 않는다. 상체가 넘어지면 넘어질수록 차는 발은 높이 올라가게 마련이다.

인간은 몸을 기울여 사물을 보는데 익숙하지 못하며, 공중에 떠 있는 보

인스텝(발등)

올은 몸에서부터 떨어져 있으므로 이 킥을 몸에 익힐 때 까지는 상당한 연습을 요한다.
〔연 습〕
1. 단독
① 위에서 말한 ①~③의 몸의 중심 이동에 대한 포옴을 우선 연습한다.
② 혼자서 보올을 위로 던져 올려 땅에 떨어져 바운드한 것을 찬다.
2. 2인 1조
① 1명이 던져주는 보올을 공중에서 차 보낸다. 처음에는 맞추는 기분으로 차낸다.
② 시계추 : 한 사람이 상대방의 오른쪽 또는 왼쪽으로 던진다. 다른 한 명이 달려가는 곳으로 가볍게 올려 던지게 하여 슛한다. 다음에는 더욱 높은 보올(로빙)을 던지게 하여 슛한다.
3. 3인 1조
삼각형을 만들어 한 사람이 보올을 던져 주면 몸 옆으로 떠 온 보올을 비틀어 차서 다시 사람에게 넘긴다. 이것을 되풀이 한다.

3인 1조

시 계 추

기본 기술

■ 발등으로 멈춘다(스톱 또는 트래핑)

공중으로 날아오는 보올을 발등으로 살짝 받아 멈추는 것으로, 인스텝 트래핑(instep trapping)이라고 하며 이러한 플레이는 기술이 향상되면 향상될수록 자주 사용된다. 굴러오는 보올은 발의 안쪽 즉, 인사이드로 잡는 것에 비하여 보올을 잡는 면적이 좁기 때문에 정확히 잡으려면 많은 연습이 필요하다.

먼저 보올을 주시하면서 보올을 맞이할 자세를 취한다. 그런 다음 떨어지는 보올의 속도에 맞추어 발을 천천히 내린다. 발에 보올이 닿는 순간 보올의 세력을 죽이고 바운드하지 않도록 땅에 내려 놓는다.

〔연 습〕

① 가볍게 보올을 위로 던져, 보올이 떨어져 오는 속도에 맞추어 발을 당겨 보올의 세력을 죽인다.

② 위로 던지는 보올의 높이를 차츰 높게 하여, 떨어져 내리는 보올을 스톱시킨다.

③ 자기가 차 올린 보올을 발등으로 스톱시킨다.

인스텝(발등)

4

5

6

인스텝으로 하는 스톱
(1) 보올을 주시하며 멈추는 발을 올려 보올을 기다린다.
(2) 떨어지는 보올의 속도에 맞추어,
(3) 발을 천천히 내린다.
(4) 보올이 닿는 순간에 보올의 세력을 죽여,
(5) 보올이 바운드하지 않도록,
(6) 땅으로 떨어뜨린다.

[주 의] 보올이 발등에 닿으면 되도록 오랜 접촉을 유지하도록 넓적다리를 천천히 아래로 내린다.

기본 기술

인사이드 (발 안쪽)

■ 칼로 잔디를 베어 내듯이

복사뼈 밑의 움푹 들어간 곳을 중심으로한 부분 즉, 인사이드(inside)로 보올을 다루는 것인데, 이 인사이드 킥은 정확하게 실패없이 찰 때에 가장 적합한 방법이다. 따라서, 패스나 방어의 방향 전환, 고울 앞에서의 슛 등에 사용된다.

이 부분은 보올이 닿는 면적이 넓어 보올을 정확하게 다룰 수 있기 때문이다. 다시 말해, 야구의 배트보다 정구의 라켓이 훨씬 더 보올을 원하는 쪽으로 치기 쉬운 이치와 같다.

축구를 조금이라도 해 본 사람이라면 누구든지 인사이드 킥을 할 수가 있다. 그러나, 축구를 처음 시작하려는 어린이를 상대로 포옴을 정확히 가르치기란 결코 쉽지 않다. 그것은 발끝을 올려 발목을 고정시키는 동작이 인체 구조상 자연스럽게 행해질 수가 없기 때문이다. 그러므로, 제아무리 일류선수라 할지라도 인사이드 킥 연습만은 언제나 실시하고 있다.

인사이드 킥
(1) 보올을 주시하면서, 세운 발을 차는 방향으로 내딛는다.
(2) 세운 발을 보올의 옆(10~15cm)에 놓고,
(3) 체중을 세운 발에 충분히 건다.

1   2   3

이 킥의 요령은 발목을 고정시켜 움직이지 않게 하는 것이 중요하다. 그러기 위해서는 복사뼈 밑의 움푹 들어간 부분이 보올의 중심에 직각으로 되도록 보올을 접촉시킨다.

다음은 그라운드의 잔디를 칼로 살짝 베어 내듯 보올을 밀어 내는 감각으로 찬다.

인사이드(발 안쪽)

인사이드 킥

(4) 발끝을 올리고 발목을 고정시켜 보올 중심에 댄다.
(5) 밀어내듯이 찬다.
(6) 그러한 상태로 내 뻗는다.

기본 기술

발목을 고정시킨다.

(1) 발목의 고정 : 보올을 찰 때는 발끝을 들어, 발목이 동요되지 않게 한다.
(2) 발목의 고정 : 보올을 멈출 때는 발끝을 들어, 복사뼈 부분을 고정시킨다.
(3) 땅보올부터 : 인사이드 킥은 땅을 찰 우려가 없으므로 우선 땅보올을 차는 동작부터 충분히 익혀 둔다.

〔연 습〕
1. 단독
① 공없이 발놀림 : 세운 발에 몸의 체중을 싣고, 차는 발을 직각으로 벌려서 발목을 고정시킨다. 그라운드의 잔디를 칼로 살짝 베어 내는 기분으로 발을 흔든다.
② 보올 펜듀럼 : 지상에서 높이 5~8cm 되는 곳에 보올을 내려뜨리고, 인사이드로 찬 뒤 오는 보올을 멈춘다.
③ 숫판 : 땅 위에 놓은 보올을 찬다. 숫판에 맞고 튀어나온 보올을 되돌려 차 보내거나 멈춘다. 처음에는 선 채로 1 걸음 내딛고 차는 연습을 한 다음, 이어 1~3보 떨어져서 굴러오는 보올을 차낸다. (8~9m 의 간격)

보올을 스톱시키는 훈련

인사이드(발 안쪽)

2. 2인 1조
약 5 m 간격을 두고 마주 선다.
① 땅에 놓인 보올을 인사이드로 찬다.
② 일단 스톱시켰다가 차낸다.
③ 구르는 보올을 서로 차 보낸다.
④ 왼쪽 또는 오른쪽으로 방향을 바꾸어 가며 차 보낸다.
⑤ 발리 보올의 인사이드 킥 : 먼저 들고 있던 보올을 살며시 떨어뜨리고, 그 보올이 땅에 떨어지기 전에 인사이드 킥으로 상대방에게 차 보낸다. 다음에는 상대방이 던져 준 보올을 공중에서 차 보낸다.
⑥ 드롭 킥 : 땅에 떨어뜨렸다가 튀어 올라오는 보올을 차 보낸다.

3. 그루우프 연습
① 3인 1조
삼각형을 이루고 서서 오른쪽으로 돌아 가며 패스한다. 오른쪽에서 온 보올을 왼발로 멈추고, 오른발로 왼쪽 사람에게 차보낸다. 다음에는 왼쪽으로 돌아가며 차 보내는 연습을 한다.
② 전원을 2개조로 나누어 앞 사람끼리 마주보고 2열 종대로 늘어선다. 앞 사람끼리의 간격은 5~6m. 먼저 앞 사람이 상대 조의 앞 사람에게 패스하고 상대 조의 맨 끝에 가서 선다. 그러면, 패스를 받은 사람은 상대 조의 다음 사람에게 패스한다.
③ 5인 1조(패스하고 달린다)
지름 5~6m의 원을 이루고 서서 패스를 한 상대방의 위치로 달려간다. 보올을 찬 다음 그 발을 제1보로 하여 달린다.
④ 달리면서 패스(러닝 패스)
두 사람이 일정한 간격을 둔 채 어깨를 나란히 하고 달리면서 앞쪽으로 비스듬히 패스한다.

5인 1조의 연습

러닝 패스

2 개조로 나누어 연습

발등의 바깥 쪽

■ 교묘한 킥

　현대 축구에서는 정확성과 교묘한 기술을 더욱 중요시하게 되었다. 우리나라의 일류 선수를 비롯하여 외국의 유명한 톱 플레이어들은 흔히 발등의 바깥쪽으로 정확하고도 교묘하게 보올을 다루어, 상대 티임을 위기에 몰아 넣곤 한다. 변화구를 찰 수 있는 발등의 안쪽과 바깥쪽을 구사하는 아웃 프론트 킥(outfront kick)은 중요한 기본 킥으로, 이 킥에는 두가지 종류가 있다. 그 하나는 똑바로 회전이 없는 보올을 차려 할 때와 보올의 방향을 커어브로 차낼 때이다.

　이 보올은 대체로 커어브가 걸리므로, 직선적인 코오스로는 자기편에 패스할 수 없을 때, 또, 마아크하고 있는 상대방에 대하여 반대쪽 발로써 보올을 신속하게 다루는 데 좋다. 그뿐 아니라 장거리 패스 후 슛을 하는 데도 사용되며, 익숙해지면 프리이 킥이나 코오너 킥을 얻었을 때 커어브 보올로써 멋진 슛을 할 수 있다.

　이 킥을 할 때 보올이 접촉되는 부분과 상태는 새끼 발가락 부분과 발목의 바깥쪽 복사뼈 등을 포함하는 발등의 바깥쪽으로 보올의 중심 안쪽을 스치듯이 닿게 한다. 오른발로 찼을 경우에는 보올은 우측 바깥쪽으로 잘리듯이 커어브를 이룬다(왼발로 찬 경우에는 좌측 바깥쪽으로).

4

5

6

발등의 바깥쪽 킥
(1) 달린다.
(2) 보올을 찰 발의 발목을 뻗고, 안쪽(세운 발쪽)으로 향한다.
(3) 세운 발을 보올 옆이나 약간 뒤로 차려는 방향으로 향해 내 딛는다. 보올과 발의 간격은 25~30cm.
(4) 인스텝과 같은 요령으로 찬다.
(5) 무릎 아래뿐만 아니라 넓적다리 밑 전체에서부터 스윙하여 찰 것
(6) 발목은 고정시킨다.

오른발로 찼을 때의 보올의 곡선

〔연 습〕
 인스텝 킥의 연습과 마찬가지 순서로 하는 것이 좋다. 먼저 보올 펜듀럼에 매달린 보올을 이용하여 발을 대는 감각부터 익히는 것이 좋다.

발등의 바깥쪽

1

2

3

인프론트 (발등의 안쪽)

■ 보올을 높이 올린다.

발등의 바깥쪽으로 차는 킥과 마찬가지로 인스텝 킥의 변형으로써, 달려 들어간 방향과 같은 방향에서 똑바로 찰 때에는 보통의 인스텝 (발등의 정면)으로 차면 되는데, 각도를 바꾸어 보올을 보내고져 할 때는 이 인프론트 킥(infront kick)이 사용된다.

오른발로 찰 경우에는 그림과 같이 달려 들어간 방향의 왼쪽으로 보올을 올린다.

인프론트 킥은 땅 위의 보올을 높이 띄워 패스할 때, 상대진영으로 보올을 몰고가서 고울 정면으로 또는 사

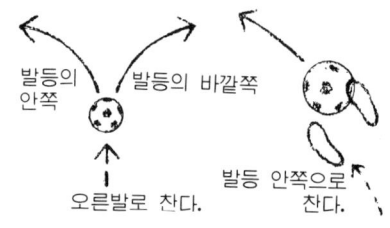

이드에서 중앙으로 보내는 패스, 즉, 센터링할 때 또는, 코오너 킥을 할때 등에 이용된다. 그런가 하면 회전을 걸어 멋있는 슈팅을 할 수도 있다.

보올을 높이 올리고 싶을 때는 세운 발을 뒤로 하여 보올의 중심보다 낮은 곳을 향해 찬다. 또, 반대로 낮은 보올을 보내고 싶을 때는 세운 발을 보올의 옆 중심에 세우고 찬다. 커어브 보올을 주려고 할 때는 보올의 중심에서 약간 바깥쪽으로 벗어난 곳을 찬다. 그러면 보올은 안쪽으로 휘어지며 날아간다.

4   5

발등 안쪽으로 하는 킥
(1) 차는 방향으로 보올을 비스듬하게 몰아,
(2) 발끝을 차는 방향으로 향해 보올 옆으로 내딛고 차는 발목을 고정
(3) 무릎을 굽히고, 체중을 세운 발에 충분히 얹어,
(4) 보올에서 눈을 떼지 말고,
(5) 그 자세에서 뻗어 찬다.

〔연 습〕

인스텝 킥의 연습과 마찬가지 순서로, 두 사람씩 1조를 이루고 한다. 그러나, 이미 인스텝에서 땅 보올을 차는데는 익숙해졌으므로, 보올을 전방으로 던져 바운드시키고 공중에 있는 보올을 찬다.

뒤에서 본 발등 안쪽을 사용한 킥

1   2   3   4   5

기본 기술

■ 킥의 종류

차는 부분	명 칭	주 요 용 도	장 점	단 점
발의 안쪽	인사이드 킥	단거리 패스	정확하고 안전하다	예측되기 쉽다
발 등	인스텝 킥	중·장거리의 패스 슈 팅	거리가 생긴다 정확하고 강하다	인사이드 킥보다 약간 부정확하다
	(발등의 안쪽) 인프론트 킥	코오너 킥 스핀(회전)보올	거리가 생긴다 응용 범위가 넓다 변화한다	인사이드 킥보다 약간 부정확하다
	(발등의 바깥쪽) 아웃프론트 킥	공중보올송구	거리가 생긴다 동작을 간파하기 어렵다. 변화한다.	인사이드 킥보다 약간 부정확하다
발의 바깥쪽	아웃사이드 킥	단거리 패스 슈 팅	동작이 간파되지 않는다. 변화한다	인스텝 킥보다 약하다
발 끝	토 우 킥	경합중 급할 때 우천으로 무거운 보올을 찰 때	빠르다	부정확·불안정
뒤 꿈 치	히 일 킥	뒤로 짧은 패스	간파되지 않는다	부정확·불안정

여러가지 키킹

축구의 기본 기술은 크게 나누어 차는 것(kicking), 받는 것(stopping) 머리로 받아치는 것(heading), 보올을 운반하는 것(드리블, running with the ball), 고울 키이퍼의 기술 등이라 할 수 있다.

이 여러가지 기술 가운데 가장 중요한 기술이 바로 키킹이다. 사실 축구경기의 대부분이 키킹에 의하여 이루어진다고 해도 과언이 아닐 정도로 키킹의 구실은 크다. 그러면, 키킹에는 어떤 종류가 있는지 이를 표로 간추려 보았다.

키킹의 원칙은 보올이 닿는 부분이 넓을수록 또, 보올과 접촉하는 시간이 오랠수록(총에 비유하면 총신이 길수록) 킥은 정확하다

■ 반드시 익히지 않아도 될 킥

다음 종류의 킥은 구태어 힘들게 연습을 하지 않아도 되리라 생각된다. 이러한 킥들은 실전에서 아주 드물게 사용되므로 즉, 필요할 때나 눈 깜짝할 순간에 쓰여지는 것으로 오랜 경험을 쌓는 동안 자연히 익혀지기 때문이다.

1. 토우 킥(발 끝)

인스텝 킥의 올바른 포옴을 익히고 되풀이하여 연습하지 않으면 발끝으로 보올을 차기 쉽다. 발끝으로 차는 이 토우 킥(toe kick)은 보올에 닿는 면적이 좁기 때문에 부정확하므로, 정확성이 좌우시되는 현대 축구에서는

그리 중요시 하지 않게 되었다.
 그러나, 순간적으로 보올을 내 보내고, 또, 강한 킥을 할 수 있어서, 실전에서는 다음과 같은 경우에 사용된다.
① 드리블을 하고 있는 상대방을 뒤따라가 싸우다가 보올을 빼앗아 발끝으로 살짝 우군에게 밀어 준다.
② 비가 와서 흙탕이 된 그라운드에서 무거워진 보올이 우군 고울 앞에 멎었을 때 힘껏 멀리 차 보낸다.
③ 순간적으로 상대의 마아크에서 벗어나고자 할 때 앞으로 살짝 차 보낸다.

2. 히일 킥(뒤꿈치)

 히일 킥(heel kick)은 1867년 이전의 엄격한 오프사이드 루울이 행해진 시대에는 유효한 킥으로 사용 되었던 것이었으나, 오늘날의 축구에서는 상대방을 기만하는 이른바 페인트를 목적으로 하는 경우에 사용될 뿐이다.
 등 뒤에 떨어진 보올을 뒤꿈치로 받아서 머리 너머 앞으로 차 넘겨 몰고 가거나 우군에 패스한다. 히일 킥은 다음과 같은 방법으로 찬다.
① 차는 발의 반대쪽 발을 내 딛고 차는 발 뒤꿈치로 찬다.
② 굴러가는 보올보다 조금 더 앞으

우중이나 흙탕에서 혼전

발끝을 사용하는 킥이 흔히 쓰인다

기본 기술

발 뒷꿈치로 보올을 다룬다.
뒤로 떨어지는 보올을 발 뒤꿈치로 걸어 당겨 머리 너머로 넘겨서 앞으로 보내고 달려간다.

로 다가가 보올이 발에 닿을 때 힘껏 찬다.
③ 보올이 굴러가서 발의 아웃사이드 쪽에 닿는 순간 발을 틀어 방향을 바꾸면서 찬다.
④ 오른발 뒤에 있는 보올을 왼발의 인사이드로 찬다. 이 때 오른발에 몸의 체중을 두어 왼발을 자유롭게 사용할 수 있어야 한다.

3. 아웃사이드 킥

아웃사이드 킥(outside kick)은 최근 특히 중요시되고 있는 킥이다. 재빨리 보올을 뺏을 수가 있으며, 상대방에게 모우션이 간파되지 않는 특징이 있으므로, 실전에서 흔히 사용된다. 세운 발은 인스텝 킥의 경우보다 바깥쪽으로 딛고 들어가, 무릎 아래만을 바깥쪽으로 움직여 새끼 발가락의 밑이나 또는 축구화의 바깥 가장자리로 보올을 찬다. 앞서 말한 발등의 바깥쪽으로 차는 킥과는 다르다

■ 변형 플레이의 킥

신체의 정면에서 보올을 확실하게 다루는 것이 가장 좋으나, 시합 중에서는 언제나 그토록 바람직한 상황만 있을 수가 없는 것이다. 어려운 장면을 타개해 나간다든가 무리한 자세에서 득점에 연결시켜야 한다든가 또 철저한 마아크를 받으며 플레이를 진행시키지 않으면 안되는 오늘날의 축구에서는, 마치 곡예를 하는 것과 같은 플레이가 흔히 연출된다. 이러한 곡예와 같은 킥 중에 다음 두 가지가 있다.

여러가지 키킹

오우버 헤드 킥(펠레 선수)

기본 기술

■ 오우버헤드 킥

오우버헤드 킥(over head kick)은 이름 그대로 머리 너머로 차 넘기는 킥으로 즉, 높이 떠오른 보올을 공중으로 점프하여 몸을 뒤로 젖히면서, 머리 너머로 차 넘기거나, 포오워드가 상대편의 고울을 등진 채 머리 너머로 슛 하기도 한다. 넘어지는 방법, 차는 방법은 연습에서 배울 수 있으나, 실전에서 사용하려면 점프의 타이밍을 포착하기가 매우 어렵다.

오우버헤드 킥은 인스텝 킥의 일종으로 인스텝 킥에 익숙해진 다음, 다음 단계로 연습에 들어간다.

즉, 앞에서 온 보올을 차 보내는 연습 단계를 거쳐, 다음엔 옆에서 온 보올을 앞으로, 또는, 180도 회전하여 뒤로 차는 단계가 있으며, 그 다음에 머리 너머로 차는 킥의 연습을 하게 된다.

〔연 습〕

1. 단독

① 넘어지지 않고 찬다 : 손에 쥔 보올을 앞으로 떨어뜨리고 상체를 뒤로 젖히면서 머리 너머로 차 넘긴다. 다음에는 바운드되지 않도록 하여 같은 방법으로 찬다.

2. 3인 1조

① 한 사람(코우치)이 던진 보올을 땅에서 바운드시킨 다음 선채로 머리 너머로 차면 뒤에 있는 사람이 보올을 잡는다. 다음에는 바운드시키지 말고 같은 방법으로 찬다.

② 던져 준 보올을 선채로 머리 너머로 찬다. 동시에 등을 땅에 대고 넘어지면서 양손으로 땅을 짚어 충격을 적게 한다.

3. 단독·2인 1조

공중에 뛰어 올라가 찬다 : 먼저 보올을 차는 반대쪽의 **발**끝을 공중에서 스윙하고 그 반동을 이용하여 차는 발로 보올을 향해 힘껏 스윙한다(더블 킥). 맨 처음에는 자기가 바운드시킨 보올을 점프하여 머리 너머로 차 넘기고 두 발로 땅에 내려 선다. 다음에는 상대방이 던져주는 보올을 점프하여 차 넘기고 등을 땅으로 향하고 넘어지면서 내려선다.

■ 점프 발리 킥

점프 발리 킥(jump volley kick)은 옆으로 온 높은 보올을 점프하여 몸을 옆으로 넘어뜨리면서 차는 킥으로 인스텝 킥의 일종이다. 또, 발리 킥에는 앞에서 날아드는 보올을 점프해서 차는 경우, 선채로 옆으로 차 넘기는 경우 등이 있다.

특히, 앞쪽에서 날아드는 보올을 점프해서 차거나 몸을 옆으로 넘어뜨리면서 차는 발리 킥은 포오워드가 슛할 때 또는 풀백이 앞으로 패스할 때 많이 사용된다.

〔연 습〕

1. 단독

① 보올없이 연습 : 보올을 차는 반대쪽 발을 먼저 올리고, 공중에서 그 발을 아래로 스윙하는 반동으로 반

여러가지 키킹

점프 발리 킥
(1) 차려는 반대쪽 발을 앞으로 박차고, 보올을 차려는 발로 점프한다.
(2) 그 상태에서 보올을 대기했다가,
(3) 앞으로 스윙해 올린 발을 아래로 한다.
(4) 그 반동을 이용하여 보올을 차는 발을 힘껏 스윙한다.
(5) 보올을 찬다.
(6) 손과 발을 사용하여 유연하게 땅에 내린다.

대쪽 발을 땅과 수평이 되도록 스윙한다.
② 보올을 바운드시키며 하는 연습 : 펜듀럼으로 연습하면 매우 좋다.

2. 3인 1조
삼각형으로 연습 : 한 사람이 던지고 한 사람은 점프 발리 킥, 한 사람은 멈추는 연습을 한다.

헤 딩

■ 헤딩의 구실과 종류

축구를 한번도 해 보지 못한 사람으로부터 「보올을 머리로 퉁기면 아프지 않으냐」는 질문을 흔히 듣는다. 이토록 대개의 사람들은 헤딩이란 머리로 받아치는 줄로 아는데, 사실은 이마 정면이나 바로 그 위로 하는 것이 정확한 헤딩이다. 날아 온 보올을 단단하고 넓적한 이마로 받기 때문에 아프지 않으며 정확히 다룰 수 있다.

좋은 헤딩에 의해 좋은 공격을 전개시킬 수 있으며, 방어도 할 수 있어, 실제로 게임을 스피이디하게 한다. 공중에 뜬 보올을 내려올 때까지 기다려 발로 차는 것 보다는 헤딩하는 것이 보다 효과적임은 두말할 나위도 없다.

시합 중 헤딩을 하는 기회는 수없이 많다. 선 채로 하는 스탠딩 헤딩(standing heading), 뛰어 오르면서 하는 점프 헤딩(jump heading), 다이빙을 하듯 앞으로 엎어지면서 하는 다이빙 헤딩(diving heading)이 있으며, 또 헤딩의 방향도 앞으로, 옆으로 또는 뒤로 헤딩하여 보올을 보내는 장면도 있다. 헤딩의 높이에 있어서도 여러가지가 있다. 위로, 평행하게 또는 아래로 떨어뜨리는 헤딩의 경우도 있다.

■ 헤딩의 4대 포인트

헤딩을 처음으로 배우려는 사람은 다음과 같은 요령으로 익히는 것이 좋다.

1. 목을 고정시킬 것

킥을 할 때 발목이 흔들리면 안되는 것과 마찬가지로 보올이 닿는 순간 목이 흔들리면 마음 먹은대로 정확히 보올을 보낼 수가 없다.

헤딩은 이마로

입은 다물고 눈을 뜬다.

1970년 멕시코 월드컵 결승전에서 이탈리아로부터 헤딩으로 선취점을 빼낸 펠레

기본 기술

1

2

3

4

2. 상반신을 전부 사용할 것
목을 고정시키기 때문에 상반신을 주로 움직여 몸 전체의 반동을 이용, 보올을 날려 보내지 않으면 안된다. 또, 방향을 바꾸어 날려 보낼 때는 상반신을 그 방향으로 틀어야 한다.

3. 고개는 땅과 직각으로
이와 같이 하여 보올은 이마 정면에 똑바로 닿게 하고, 이마 부분이 땅과 평행되도록 이동시킨다. 따라서, 헤딩을 할 때는 언제나 고개가 땅과 직각이 되게 해야 한다.

4. 눈을 뜨고 입은 다문다.
헤딩할 때는 눈을 감지 않도록 한다. 보올이 날아오는 방향을 보고 또, 헤딩하여 패스해 보낼 자기편을 눈여겨 보도록 한다. 입을 다문다. 자기의 혀를 깨무는 따위와 같은 기묘한 사고를 예방하기 위해서도.

■ 선 채 앞으로의 헤딩 (스탠딩 헤딩 1)

1. 준비 자세
날아오는 보올을 주시하면서 양발

1   2

방향을 바꾸는 점프 헤딩
(1) 보올에 맞추어 점프
(2) 상체를 비틀어
(3) 그 반동을 이용하여,
(4)~(6) 허리를 중심으로 몸 전체로 보올을 때린다.

헤 딩

선 채 앞으로 헤딩
(1) 양발을 벌리고 선다.
(2) 턱을 당기며, 목을 고정하고, 날아오는 보올을 주시하면서, 양무릎을 가볍게 굽히고 허리에서 위를 뒤로 젖혀 상반신을 활모양으로 충분히 당기고,
(3) 날아오는 보올에 맞추어 허리를 중심으로 앞으로 꺾는다.
(4) 이마의 중간에 맞추어 통겨 보낸다.
(5) 보올을 끝까지 주시한다.

5

을 좌우로 벌려도 좋다. 양쪽 무릎과 발목을 가볍게 굽히고, 상체를 뒤로 젖혀서 상반신을 활 모양으로 약간 굽힌다. 팔은 팔꿈치를 굽혀 힘을 빼고 앞으로 올린다.

2. 보올이 접근했을 때
보올이 다가옴에 따라 상체를 활모양으로 뒤로 젖히면서 턱을 당긴다. 충분히 뒤로 젖혀서 무릎을 앞으로 내밀고, 발꿈치를 올리면서 허리를 축으로 하여 상체를 앞으로 스윙한다.

3. 보올을 때리는 순간
보올은 상체의 스윙이 가속화된 곳에서 타이밍을 맞추어 앞 이마로 헤딩한다. 눈을 감지 말고 보올을 주시한다.

■ 선 채 옆으로의 헤딩 (스탠딩 헤딩 2)
준비 자세는 앞으로 헤딩하는 경우와 마찬가지이다.

1. 보올이 접근했을 때
보올이 다가옴에 따라 상체를 뒤로 활 모양으로 젖히면서 보올을 보내려

3　　　　4　　　　5　　　　6

기본 기술

는 방향으로 상체를 돌린다. 동시에 무릎과 발목을 잘 굽히고 스윙 자세를 취한다.

2. 보올을 때리는 순간

보올을 앞 이마로 헤딩하기 위한 상체의 스윙은 보올을 보내려는 방향으로 행한다.

■ 선 채 뒤로 헤딩(스탠딩 헤딩 3)

1. 준비 자세

보올이 떨어지는 지점 아래에서 무릎과 발목을 굽히고 상체를 약간 젖혀, 가슴을 펴고 턱을 앞으로 내민 자세를 취한다.

2. 보올이 닿는 순간

보올을 이마에 대면서, 발목과 무릎, 그리고 허리를 재빨리 폄과 동시에 비스듬히 뒤로 밀어낸다.

[연습] 스탠딩 헤딩의 경우

1. 단독

① 끈으로 보올을 매달고 이마로 받아친다. 처음에는 흔들리고 있는 보올을 손으로 멈추고 헤딩한다. 보올이 닿는 이마의 부분을 정확하게 익힌다.

② 보올없이 헤딩 포옴을 잡아 본다. 발을 벌리고 선 채 양무릎을 앞으로 내밀고 상체를 뒤로 젖힌다. 턱을 당겨 목을 고정시킨 채 상체를 힘있게 앞으로 스윙한다.

2. 2인 1조

① 2m 떨어진 곳에서 던져진 보올을 헤딩한다. 처음에는 포옴에 유의하고 다음에는 5m 떨어져서 행

한다.

② 서로 마주 보고 서서 머리로 보올을 헤딩 패스한다. 실수하지 않을 때까지 계속 연습한다.

3. 3인 1조(각도를 바꾼다)

① 세 사람이 삼각형을 만들고 서서 한 사람이 던지고 그 자리에 서서 몸을 비틀어 방향을 바꾸어 보내는 헤딩을 한다. 헤딩하는 방향쪽의 발을 앞으로 내밀고, 허리에서 상체를 헤딩하는 방향으로 비틀도록 한다.

② 그자리에서 점프 : 삼각형을 만들어, 한 사람이 던지고 두번째 사람이 그 자리에서 점프하여 각도를 바꾸는 헤딩을 하여 세번째 사람에게 넘긴다.

3인 1조로 방향을 바꾸는 헤딩

3인 1조로
뒤로 넘기는 헤딩

헤 딩

점프 헤딩(러닝하여)
(1) 보올이 떨어질 곳을 대중하여 달려가 낙하 지점에 들어선다.
(2) 한쪽 발로 박차고 뛰어오른다. 점프의 타이밍이 중요 하다.
(3) 턱을 당기고 가슴을 펴, 상체를 뒤로 젖히고, 발을 위로 퉁겨 올린다.
(4) 상체를 앞으로 스윙, 점프의 최고점에서 이마 정면에 보올을 맨다.
(5) 허리를 중심으로 몸을 접는듯한 느낌.
(6) 땅에 내려선다.

기본 기술

③ 뒤로 넘긴다 : 세 사람이 한 줄로 서서 맨 앞 사람이 던지고 가운데 사람이 뒤로 헤딩하여 세 번째 사람에게 넘긴다.

이것은 보통보다 무릎과 발을 깊이 굽히고 상체를 뒤로 젖혀 보올을 이마에 닿게 하는 순간에 발과 허리를 힘껏 뻗어 보올에 속도를 가한다.

■ 점프 헤딩
1. 내 딛는 순간

러닝하여 한 쪽 발로 내딛는 경우나 또는 그 자리에서 내 딛는 경우에서나 내 딛기 전에 무릎을 굽히고 낮은 자세를 취한다.

2. 점프의 상태

뛰어 올라 점프가 최고점에 도달했을 때 허리를 축으로 하여 상반신을 뒤로 젖힌다. 이 때, 굽혔던 팔을 어깨 높이로 올리고 무릎을 굽혀서 정강이를 뒤로 흔든다.

3. 보올을 때리는 순간

뒤로 젖힘이 극한에 도달했을 때 앞으로 상체를 되돌려 스윙한다. 앞으로 상체를 스윙하는 것을 돕기 위해 굽힌 무릎을 뻗으면서 정강이를 앞으로 흔들고 올렸던 팔도 앞으로 흔든다.

스윙에 속도가 가해졌을 때 이마로 보올을 때린다.

〔연 습〕
1. 단독

① 그 자리에서 점프 헤딩 : 선 채 헤딩하는 연습과 같은 순서로 점프하여 행한다. 처음에는 점프하는 타이밍을 익히는 것이 중요하다.

② 방향을 바꾸는 그 자리에서의 헤

그 자리에서 점프 헤딩

1 2 3 4

헤 딩

그 자리에서
방향을 바꾸는 점프 헤딩

딩 보올이 다가오는 방향을 향해 점프하여 상체를 보올을 보낸 방향으로 내려 선다.
2. 3인 1조
　2인 1조와 같은 연습이다. 헤딩하는 사람 앞에 1명을 세운다. 보올을 던지게 하여 뒤쪽의 사람에게 헤딩 패스한다.

3. 2인 1조
① 러닝→점프→헤딩, 이것을 2인 1조로 행한다. 러닝하면서 헤딩하여 상대방에게 보낸다. 점프하는 장소와 타이밍을 파악한다.
② 좌우에서 던져 준 보올을 러닝하면서 방향을 바꾸어 점프 헤딩하여 상대방에게 보낸다.

기본 기술

■ 다이빙 헤딩

비교적 낮은 보올에 몸을 수평으로 뛰어들어 헤딩하는 것을 다이빙 헤딩(diving heabing)이라고 한다.

이 헤딩은 주로 풀백이나 포오워드가 이용하는데, 왼쪽 또는 오른쪽으로부터의 송구에 맞추어 슛을 해내면 보는 사람의 가슴이 후련해질 정도로 멋진 플레이가 된다.

이 헤딩은 상당히 수준 높은 기술이므로 기초적인 헤딩 동작을 완전히 익힌 다음에 배우도록 한다.

다이빙 헤딩을 할 때는 땅에 떨어져 내릴 때의 충격이나 사고를 예방하기 위해 양팔로 신체를 방어하는 것을 알아 두어야 한다. 즉, 팔을 뻗어 손가락 끝을 앞으로 펴서 엎드려 뻗치는 자세로 땅에 내려선다.

두 팔을 쿠션으로 하여 손바닥·팔·가슴의 순서로 땅에 내려 충격을 방지한다.

〔연 습〕

1. 단독

① 뛰어드는 방법: 잔디나 모래밭과 같은 부드러운 그라운드에서 보올 없이 선 자세에서 앞으로 넘어지는 듯한 상태로 점프한 뒤 팔로 충격을 막으면서 땅에 가슴을 대고 내린다. 넘어지는 방법의 준비 연습으로, 무릎 닿기 자세에서 앞으로 넘어지는 연습을 하는 것이 좋다.

2. 2인 1조

① 한 사람이 보올을 앞에서 던지면 엎드려 뻗치는 자세로 앞의 보올을 향해 점프 헤딩한다.
② 한 사람이 보올을 던지면 한 사람이 러닝하여 다이빙 헤딩한다.

◆◆

1   2   3

헤 딩

펠레의 다이빙 헤딩

다이빙 헤딩
(1) 보올을 주시하면서 앞으로 점프
(2) 이마에 정확히 맞추어
(3) 헤딩한 다음에도 보올의 방향을 주시
(4) 팔을 뻗어 손가락을 앞으로 뻗고, 엎드려 뻗치는 자세로 착지
(5) 양팔을 쿠션으로 하여, 손바닥, 팔, 가슴의 차례로 땅에 대어 충격을 막는다.
(6) 몸 전체로 착지 완료

기본 기술

여러 가지 트래핑

■ 멈추어, 젖히고, 찬다.

이미 발 안쪽(인사이드)과 발등(인스텝)으로 보올을 멈추는 방법에 대해서는 여러가지 키킹과 함께 약간의 설명을 한 바 있다. 보올에 접촉하는 부분의 감각은 차거나 멈추는 경우나 공통되는 것이다. 그러나, 발을 사용하지 않고도 보올을 멈추는 방법이 있다. 즉, 발바닥·배·가슴·머리 등으로 보올을 스톱시키는 광경을 시합 중에서도 흔히 볼 수 있다.

물론, 실전에서는 보올을 멈추는 것 만으로는 아무 쓸모가 없다. 보올을 멈춘 순간에 상대방이 달려와 가로채 버리면 멈추나마나한 일이 되고 만다. 확실하게 자기의 보올로 만들고, 상대방을 젖힌 뒤 패스하거나 슛을 해야 한다.

멈추고→젖히고(이것을 트래핑(trapping) 이라고도 한다)→찬다. 이것은 연결되어 계속되는 동작이어야 한다.

그러므로, 스토핑(stopping)은 드리블이나 페인트와 흐르는 듯한 동작으로 연결되어야 하는 것이다.

일반적으로 스토핑과 트래핑을 같은 뜻으로 사용하고 있으나, 엄밀히 구분하면, 전자는 보올의 행선을 정지시켜 통제하는 동작을 말하며, 후자는 몸의 일부와 지면 사이에 삼각형의 두 변을 만들어 그 안에 보올을 집어 넣는 동작을 말한다.

좋은 스톱

좋지못한 스톱

■ 트래핑의 종류
트래핑의 종류는 보올이 접촉하는 부분에 따라 다음과 같이 구분된다.
1. 각부(脚部)를 사용하는 트래핑
   (1) 발을 사용하는 트래핑
      ① 발 안쪽으로 하는 트래핑 (p.42에서 언급)
      ② 발등으로 하는 트래핑
      ③ 발등의 바깥쪽으로 하는 트래핑
      ④ 발바닥으로 하는 트래핑
      ⑤ 발 뒤꿈치로 하는 트래핑
   (2) 정강이로 하는 트래핑
   (3) 넓적다리로 하는 트래핑
2. 배를 사용하는 트래핑
3. 가슴을 사용하는 트래핑
4. 이마를 사용하는 트래핑

■ 발의 안쪽으로 하는 트래핑
인사이드 트래핑(inside trapping)이라고도 하며, 굴러오는 보올, 허리보다 낮게 바운드하는 보올, 땅에 떨어져 튀어 올라 오려는 보올을 드롭(발을 넣어 멈춤) 하는 세 가지로 나눌 수가 있다.
1. 굴러오는 보올의 트래핑
① 보올이 다가올 때 : 세운 발의 무릎을 굽히고, 팔을 들어 몸을 안정시킨다. 멈추는 발을 앞으로 내민다. 멈추는 발의 안쪽이 보올이 날아오는 코오스와 직각이 되도록 한다(발의 안쪽으로 하는 키킹과 같음). 보올을 잘 주시한다.
② 보올에 닿기 직전과 그 순간 : 보올의 속도와 맞추어 발을 뒤로 당긴다. 자기 몸 바로 아래 부근에서 발 안쪽을 보올과 접촉시킨다.
③ 보올에 닿은 다음 : 보올에 닿은 다음에도 발을 뒤로 당긴다.
   이상과 같이, 보올에 발 안쪽을 갖다대고 뒤로 당기므로써 보올이 날아가는 세력을 죽일 수가 있다.
〔연 습〕
1. 단독
보올없이 멈추는 발의 스윙에서부터 당기는 동작을 연속적으로 행한다.
2. 2인 1조
① 멈추는 발을 앞으로 내민 자세에서 보올을 기다린다. 보올을 서서히 굴리게 하여, 되도록 발 안쪽에 보올이 오래 닿아있도록 발을 당기는 연습을 한다.
② 보다 빨리 굴리게 하여 뒤로 당긴다.
③ 멈추는 발이 앞으로 내민 자세가 아닌, 보통 서있는 자세로 일관된 동작으로 연습한다.
④ 굴러오는 보올에 다가서며 멈춘다.
2. 허리보다 낮은 보올의 트래핑
① 보올이 다가올 때 : 세운 발의 무릎을 굽히며, 팔을 벌려 몸을 안정시킨다. 멈추는 발의 넓적다리를 올려 무릎을 굽혀 앞으로 스윙한다.
   발 안쪽 면은 보올이 날아오는 방향으로 향한다.
② 보올에 닿는 순간과 그 다음 : 멈추는 발을 뒤로 당기면서 발 안쪽에 보올을 댄다. 보올이 발에 닿은

기본 기술

허리보다 낮은 보올을 스톱한다.

다음에는 보올의 속도에 맞추어 발을 뒤로 당기면서 보올의 세력을 죽여 땅으로 떨어뜨린다.

〔연 습〕

1. 단독

보올을 높이 7~10cm로 매어 달고 발 안쪽으로 찬 다음, 되돌아오는 보올을 멈춘다.

2. 2인 1조

두 사람이 마주 향해 서고, 한 사람이 던져 주는 플라이 보올(fly ball)을 멈추는 연습을 한다. 거리는 3~4 m.

3. 바운드하는 보올을 드롭한다.

① 보올이 다가올 때 : 보올이 바운드하리라 예상되는 지점의 전방 약30~50cm 앞으로 나가 세운 발을 놓는다. 세운 발의 무릎을 굽히고 몸을 앞으로 기울여, 멈추는 발을 후방으로 올린다. 멈추는 발의 정강이와 땅과의 각도는 45도로 한다. 멈추는 발의 무릎을 가볍게 굽히고 발끝은 밖으로 돌린다.

② 보올에 닿는 순간과 그 다음 : 보올이 바운드하기 직전에 보올 위에 발 안쪽을 댄다. 이 때 주의할 점

바운드하는 보올을 스톱한다.

은, 세운 발로 균형을 잡고 차는 발 무릎을 가볍게 뒤로 올린다. 또한, 무릎과 발목의 힘을 빼도록 한다. 보올이 닿은 다음에는, 힘이 약해져 앞으로 굴러 가려는 보올과 함께 멈추는 발을 한 걸음 앞으로 내딛어 콘트롤 한다.

〔연 습〕
1. 단 독
보올없이 트래핑 동작을 되풀이 한다. 특히, 멈추는 발을 뒤로 스윙한 상태에서 세운 발의 무릎을 굽혔다가 뻗는 굴신동작으로 균형을 유지하는 연습을 한다.

2. 2인 1조
① 멈추는 발을 뒤로 스윙한 채 대기 한다. 상대방은 바운드한 보올이 발 안쪽에 닿도록 손에 쥔 보올을 던져 준다. 미리, 보올이 땅에 떨어질 지점에 표시를 해 두면 더욱 좋다.
② 마주 향해 서서, 한 사람이 정면·약간 왼편 또는 오른편·플라이 보올을 던져 주어 이동하면서 멈춘다.

■ 발등으로 하는 트래핑
공중으로 날아오는 보올을 발등으로 받아 멈추는 것으로, 인스텝 트래핑(instep trapping)이라고도 한다.
① 보올에 닿기까지 : 멈추는 발의 넓적다리를 되도록 앞으로 올린다. 무릎 아래는 힘을 빼고 떨어지는 보올의 속도에 맞추어 발을 천천히 내린다.

② 보올이 닿는 순간 : 보올이 발등에 닿으면, 되도록 오랜 접촉을 유지하도록 넓적다리부터 천천히 내리며, 보올의 세력을 죽이고 바운드 하지 않도록 땅에 내려 놓는다.

〔연 습〕
1. 단 독
보올없이 점프, 넓적다리 올리기, 발을 앞으로 스윙했다가 천천히 내리는 일련의 동작을 되풀이한다.

2. 2인 1조
① 허리 높이에 멈추는 발을 올리고 대기. 1.5~3m 떨어져 서로 마주 향하고, 한 사람은 보올이 상대방 발등에 얹히듯이 던진다. 보올이 발등에 닿는 순간부터 발을 아래로 내린다.
② 머리 높이로 던져준 보올을 발등으로 멈춘다.
③ 정면에서 뿐 아니라 약간 좌·우로 던져서 연습한다.

■ 발등 바깥쪽으로 하는 트래핑
아웃프론트 트래핑(outfront trapping)이라고 하며, 보올이 왼편에서 오는 경우, 몸의 중심이 왼발에 실려있는 경우일 때, 왼발의 안쪽으로 트래핑을 구사할 수 없다. 이러한 경우에 몸 앞에서 멈추는 발을 교차시켜 그 발등의 바깥쪽으로 보올을 멈춘다.
① 보올이 닿기까지 : 보올이 바운드 하려는 직전에 멈추는 발을 교차시킨다. 즉, 보올이 떨어질 지점을 재빨리 판단하여, 그 곳에서 한 걸음

기본 기술

발등 바깥쪽으로 하는 트래핑

떨어진 곳에 왼발(세운 발)로 선다. 그 다음 오른발(멈추는 발)을 왼발 앞에서 교차시키면서 올리고 발끝을 안쪽으로 충분히 돌린다.

그런 다음, 몸을 왼발에 안정시 키기 위해 무릎을 굽히고 팔을 옆으로 올린다.

② 보올에 닿는 순간과 그 다음 : 보올이 바운드하려는 순간 멈추는 발을 보올 위에 닿도록 내리면서, 몸을 오른쪽으로 돌리는 데 따라 보올을 오른쪽으로 퉁기며 콘트롤 한다.

〔연 습〕
1. 단 독
손에 쥔 보올을 한쪽 발 앞에 떨어뜨린다. 보올이 땅에 닿기전에 반대쪽 발을 교차시켜, 발등 바깥쪽으로 멈추면서 보올을 당겨 붙힌다.
2. 2인 1조
① 미리 멈추는 발을 몸 앞에 교차시킨 자세를 취했다가 한 사람이 트래핑에 알맞는 보올을 던진다.

② 6~7m 떨어져 마주 향해 한 사람이 던져 준 플라이 보올을 첫 번째 또는 두 번째 바운드에서 멈춘다.
③ 선 자세에서 몸을 4분의 1 회전 또는 반 회전하면서 발등 바깥쪽으로 멈춘다.

■ 발바닥으로 하는 트래핑
정면에서 공중으로 날아온 보올이 바운드했을 때나 굴러오는 보올을 멈추는 데는 발바닥으로 멈추게 하는 일명, 소울 트래핑(sole trapping)이 좋다.
① 보올이 땅에 떨어지기 직전 : 보올이 땅에 떨어질 곳을 판단하여 그곳에서 두 걸음 앞에 선다. 보올이 떨어지기 직전에 멈추는 발의 무릎을 굽히고 넓적다리를 올려 발끝을 위로 향한다.
② 바운드되는 순간과 멈춘 다음 : 보올이 땅에서 바운드하려는 순간에 발끝을 위로 한 채, 멈추는 발의 발

여러가지 트래핑

발바닥으로 하는 트래핑

바닥을 보올에 접근시킨다. 넓적다리 및 무릎 관절은 부드럽게 힘을 뺀다. 발 뒤꿈치는 땅에서 높이 올리지 않는다. 보올이 접촉되면 발끝을 올리고 뒤꿈치를 내려서 발바닥으로 땅에 삼각형의 지붕을 덮어야 한다. 마치 위에서 내리 밟는 것처럼 하면 보올이 뒤로 빠질 우려가 없다.
③ 보올을 멈춘 다음 : 보올을 약간 앞으로 굴려 (보통의 경우는 역회전이 따르는 것이다) 다음 동작을 취한다.

〔연 습〕
1. 단 독
① 스스로 보올을 던져 올린다. 보올을 두 번 바운드시킨 다음 발바닥으로 멈춘다.
② 벽을 향해 보올을 힘껏 던지고 튕겨 나오는 보올을 처음엔 투 바운드에서 다음엔 원 바운드에서 트래핑 한다.

2. 2인 1조
① 선 채로 발을 앞으로 내 딛고 발끝을 올려 발바닥을 비스듬히 한다. 한 사람은 2～3m의 거리에서 원 바운드로 발바닥에 닿도록 보올을 던져 준다. 보올이 떨어지는 지점에 표시를 해두면 더욱 좋다.
② 한 사람이 던져준 보올을 달려가 멈추는 연습을 반복한다.

■ 발 뒤꿈치로 하는 트래핑
힐 트래핑 (heel trapping) 이라고도 하는데, 앞으로 이동하면서 뒤에서 보낸 보올을 멈추는 방법이다.
① 보올이 다가올 때 : 몸을 앞으로 기울여, 멈추는 발을 옆으로 스윙하여 올린다. 스윙해 올리는 높이는 보올이 닿을 높이에 맞게 한다.
② 보올에 닿는 순간과 그 다음 : 보올에 닿는 부분은 멈추는 발의 바깥쪽 발꿈치에 가까운 부분에서 보올을 퉁겨 올린다.

기본 기술

발 뒤꿈치로 하는 트래핑

보올이 발꿈치에 닿은 다음, 보올은 머리를 넘어 자기의 전진 방향으로 날아간다. 멈추는 발을 한 걸음 전진시키면서 다음 동작에 옮긴다.
〔연 습〕
1. 단 독
 허리 높이에 끈으로 달아맨 보올을 발꿈치로 차 넘기는 연습을 한다.
2. 2인 1조
 한 사람이 던진 보올을 발꿈치를 사용하여 반대 방향으로 차 넘긴다. 머리위를 넘은 보올을 달려가 손으로 잡아 방향을 바꾸어, 다음에는 상대방에게 던져준다.
3. 3인 1조
 A 와 B 사이에 연습하는 사람 C 가 들어선다. C 는 A 가 던져준 보올을 발꿈치로 퉁겨 올려 B 로 보낸다. B 는 다시 보올을 C 에게 던져주고 C 는 발꿈치로 퉁겨 올려 A 에게 넘긴다. 이상을 되풀이 한다.

■ 정강이로 하는 트래핑
 쉰즈 트래핑(shin's trapping) 이라고도 하며, 정면에서 굴러오는 보올 또는, 몸 앞에서 바운드 하는 보올을 트래핑하는 초보적인 기술인데 확실한 방법이다.
① 보올이 다가올 때 : 보올이 떨어지는 예상 지점의 약 20~30cm 앞에서 양발을 약 10cm 떨어져 평행하게 가지런히 한다. 이 때 주의할 점은, 몸을 앞으로 약간 기울이고, 양발 무릎 밑에서 힘을 빼야 한다.
② 보올이 떨어진 순간과 닿은 다음 : 양무릎을 세게 앞으로 굽히고 땅에서 퉁겨 오는 보올에 정강이를 댄다. 보올이 닿은 다음에는 퉁겨 나가는 보올을 쫓아 전진하면서 콘트롤한다.
〔연 습〕
1. 단 독
① 보올없이 그 자리에 서서 무릎을 앞으로 굽힌다. 다음은 몇 걸음 전

여러가지 트래핑

진한 다음 뛰었다 멈추는 포옴을 행한다.
② 스스로 보올을 머리 높이로 던져 올려, 땅에 떨어져 바운드하는 보올을 양 정강이를 대고 멈춘다. 처음에는 두 번 바운드한 다음에 행하고 익숙해지면 원 바운드에서 행한다.
③ 벽을 향해 보올을 계속 던지고 퉁겨 나오는 보올을 이동하면서 멈춘다.

2. 2인 1조
① 준비 자세를 취한 다음 한 사람이 3~4m 떨어진 거리에서 낮은 보올을 던져 주어 이를 멈춘다.
② 6~7m 앞에서 앞에 서 있는 사람 앞으로 보올을 던지고 양정강이로 멈춘다.

■ 넓적다리로 하는 트래핑

발로 멈출 수 없는 높이 또는 가슴으로 멈출 수 없는 높이의 보올은 주로 오른 발의 넓적다리 전면으로 트래핑한다. 대퇴부인 이 넓적다리는 두꺼운 근육과 지방으로 되어 있어, 보올의 세력을 죽여 조정하기에 아주 적절하다.
① 보올에 닿기까지 : 보올이 날아오는 방향으로 마주 선다. 세운 발의 무릎을 굽히고 몸을 안정시킨다. 넓적다리와 정강이와의 각도가 약 50~60도가 되도록 하며, 멈추는 발의 무릎을 굽혀 앞으로 올린다.

무릎의 높이는 보올이 날아오는 코오스에 따라 다르다. 바로 위 가까운 각도에서 떨어져 올 때는 넓적다리의 전면이 수평에 가까울 정도로 올린다. 한편, 보올이 지면과 평행에 가까운 방향에서 올 때는 무릎을 너무 올리지 말고, 넓적다리가 수직에 가깝도록 한다.
② 넓적다리에 보올이 닿는 순간과 그 다음 : 보올이 넓적다리에 닿는 순간, 보올의 속도에 맞추어 무릎을 내린다. 이 때, 무릎을 내리는 속도가 너무 빠르거나 늦어서는 안된다.
보올의 세력이 약해지면서 밑으로 떨어지면 곧 발바닥이나 발 바깥쪽 등으로 콘트롤하거나 또는 드리블로 옮겨야 한다.

〔연 습〕
1. 단 독
① 보올없이 넓적다리를 수평까지 올려 준비 자세를 취하고, 신호에 따라 갑자기 무릎을 내린다.
② 스스로 보올을 머리 높이에 올려 떨어지는 보올을 넓적다리에 닿게 하여 땅에 떨어뜨린다.
③ 벽에 보올을 세게 던져, 리바운드하는 보올을 넓적다리에 대어 멈춘다.

2. 2인 1조
① 4~5m의 거리에서 한 사람이 보올을 던지고, 넓적다리에 대어 몸 앞에 떨어뜨린다.

기본 기술

② 단독의 ③과 같으나 전진하면서 멈춘다.

■ 배로 하는 트래핑

애브더맨 트래핑(abdomen trapping)이라고도 하며, 배로 하는 트래핑은 그라운드에서 튕겨 오는 보올을 발로 멈출 수 없을 때 또는 공중의 보올을 직접 트래핑할 때 사용된다.

① 보올을 대기하는 자세: 보올이 날아오는 방향으로 마주 대하고 양무릎을 굽혀 양발에 체중을 건다.

② 보올이 배에 닿을 때: 몸 전체로 큰 지붕을 씌울 수 있으며, 복부는 넓고 부드럽기 때문에 비교적 안전하게 보올을 멈출 수 있다.

보올이 배에 닿을 때는 한쪽 발을 뒤로 당기고 체중을 뒷 발에 옮기는 동시에 상체를 앞으로 구부려 배에 들어가게 된 보올은 복부에 닿은 다음 아랫배로 전해져 앞으로 떨어진다.

넓적다리로 하는 트래핑

배로 하는 트래핑

〔연 습〕
1. 단 독
   보올없이 트래핑 동작을 되풀이 한다.
2. 2인 1조
① 전방 10m에서 보올을 던져준다. 서 있는 위치에서 두 번 바운드한 보올을 배로 멈춘다.
② 전방 8~10m에서 한 사람이 비교적 빠른 보올을 1~1.2m 앞에서 바운드되도록 던진다. 선 위치에서 멈춘다.
③ ②와 같이 하되 전진하면서 멈춘다.

■ 가슴으로 하는 트래핑
체스트 트래핑(chest trapping)이라고도 하며, 공중으로 날아오는 보올을 가슴으로 받아 트래핑하는 방법에는 두 가지가 있다. 그 하나는 보올을 되도록 빨리 그라운드에 떨어뜨리기 위한 기술과 또 하나는 공중에 보올을 쳐 올려 천천히 처리하는 방법이다.

1. 보올을 빨리 땅에 떨어뜨리는 방법
① 보올을 대기하는 자세 : 보올에 마주 대하고, 어깨를 당기며, 가슴을 펴 허리를 앞으로 내밀고, 무릎도 앞으로 굽혀 활모양으로 하여 대기한다.
② 보올에 닿는 순간 : 보올이 가슴에 닿는 순간 어깨를 앞으로 내밀고, 가슴을 좁혀 허리를 뒤로 당기고 발꿈치를 올린다.
   보올은 가슴을 당기는 동작으로 세력을 죽인다. 이 때, 가슴이 땅을 향해 있기 때문에 빨리 아래로 떨어뜨릴 수 있다.

가슴에 대어 아래로 떨어뜨린다.
벌린 양팔 사이에 보올을 받아 들여, 가슴을 당겨 보올의 세력을 죽여 발아래로 떨어뜨린다.

기본 기술

1

2

3

2. 가슴에 닿게하여 위로 올리는 것
① 보올에 닿기까지 : 양발에 체중을 고루 걸어 거의 똑바로 선 자세에서 대기한다.
② 보올에 닿는 순간과 그 다음 : 상반신을 뒤로 젖혀 가슴으로 그 세력을 죽인 다음 공중에서 작게 바운드시켜 트래핑한다. 물론, 이때는 보올을 일시적으로 처리하기 어려운 상태로 몰리지만, 이 트래핑이 아니면 처리할 수 없는 경우도 있다. 이때도 역시 상반신을 펴서 상대방이 없는 곳으로 방향을 바꾸어 보올을 다룬다.
〔연 습〕

1. 단 독
① 보올없이 계속 트래핑 동작을 한다. 특히, 발목과 무릎의 탄력을 익힌다.
② 손으로 보올을 던져 올리고 떨어지는 보올을 가슴으로 쳐 올려, 다시 떨어지는 보올을 손으로 받는다.
③ 무릎을 뻗고 몸을 앞으로 구부리는 트래핑 방법을 익힌다.
2. 2인 1조
① 마주 선 한 사람이 2~3m의 거리에서 보올을 높이 던진다. 다른 한 사람이 이 보올을 가슴으로 쳐 올려, 떨어지는 보올을 손으로 받는다.

여러가지 트래핑

4　　　　　　　　5　　　　　　　　6

가슴으로 대어 위로 올리는 스톱
(1) 보올이 오는 방향의 정면에 몸을 세워,
(2) 가슴을 젖히고 보올을 대기한다.
(3) 보올이 닿는 순간에 상반신을 뒤로 젖히고
(4) 보올의 세력을 죽여,
(5) 가능하면 페인트를 사용하여,
(6) 재빨리 콘트롤한다.

② 던져진 보올에 달려가 가슴으로 쳐 올린다. 떨어지는 보올을 발로 콘트롤한다.
③ 던져준 보올을 앞으로 달려가 가슴으로 쳐 올린 다음, 몸을 4분의 1회전 또는 반 회전하여 떨어지는 보올을 콘트롤한다.

77

■ 이마로 하는 트래핑

이마로 하는 헤드 트래핑(head trapping)은 실전에서 많이 상용되는 기술로, 트래핑 중에서 가장 중요하다. 이 트래핑은 주로 점프를 이용한다.

앞 가슴으로 트래핑할 수 없는 높이의 높은 보올에 사용된다. 보올에 닿는 부분은 앞 이마가 단단한 부분이므로, 보올의 세력을 죽이기 위해서는 상당한 숙련을 요하는 기술이다.
① 보올에 닿기까지 : 발을 앞으로 벌린 자세를 취한다. 몸은 똑바로 펴야 한다. 그렇지 않으면 트래핑 할 때 무릎이 너무 구부러져 있으므로 다음 동작에 들어가기가 어렵다.
② 보올에 닿는 순간 : 보올에 닿기 직전에 몸을 뒤로 젖혀 머리를 뒤쪽으로 흔든다. 이 동작이 빨리 될수록 보올의 세력을 효과적으로 죽일 수 있다.

보올이 이마에 닿기 전에 몸을 점프시켜 공중에서 보올에 접촉시키면서 보올과 같이 몸을 떨어뜨리며 멈추게 하는 방법도 있다.

〔연 습〕

1. 단 독

① 보올을 8~10cm 정도 위로 똑바로

4   5   6

헤딩으로 스톱
(1) 몸 전체를 부드럽게 유지하고, 보올을 잘 주시, 이마 정면을 똑바로 보올을 향해 대기한다.
(2)~(3) 보올이 닿는 순간에 상반신을 젖히고, 동시에 무릎의 굴신을 이용하여 보올의 세력을 죽인다. 목이 흔들리지 않도록 고정시킨다.
(4)~(6) 보올을 땅에 떨어뜨리고 확실하게 콘트롤한다.

올라고 이마에 대어 보올의 세력을 죽여 아래로 떨어뜨린다.
② ①과 같음. 단, 던져 올리는 높이를 20~25cm 정도로 한다.
2. 2인 1조
① 1.5~2.0m 사이를 두어 마주 선 채 한 사람이 던진 보올을 이마에 대어 멈춘다.
② ①과 같음. 단, 보다 멀리서 보다 높이 던진다.
③ 5~6m 떨어진 거리에서 한 사람이 던지고 앞으로 달려가 트래핑한다.

79

기본 기술

드 리 블

■ 오래 갖고 있으면 안된다.

시합 때 드리블만 하고 있으면 너무 보올을 오래 갖고 있다고 한다. 사실 드리블보다도 패스를 사용해서 공격하는 편이 훨씬 효과적이다.

보올을 20m 정도 이동시키려면 어느 방법이 빠를까? 드리블보다는 패스나 슛이 훨씬 빠르다. 그러나, 축구시합에서는 보올을 단독으로 뚫고 나가는 방법이 좋은 경우가 많다. 특히, 현대 축구에서는 마아크가 매우 심하기 때문에, 1대 1에서 개인적으로 이것을 격파하기 위해서는 뛰어난 개인기가 필요하다. 여기에 필요한 기술 즉, 발로 보올을 다루어 운반하는 드리블(dribble)이 요구되는 것이다.

보올을 운반 한다는것은 한 지역에서 다른 지역으로 보올을 발로 밀어 나가는 것이다. 특히, 상대편 고울로 향해 돌파해 갈 경우가 있다.

■ 드리블의 종류

드리블에는 발등의 안쪽을 사용하는 인프론트 드리블과 발등 전체를 사용하는 인스텝 드리블 그리고, 발등의 바깥쪽을 사용하는 아웃 프론트 드리블이 있다.

1. 인프론트 드리블(발 안쪽)

보올에 닿는 부분은 발등의 안쪽 키킹과 같다. 보올에 닿기 직전에 뛰면서 무릎과 발끝을 약간 밖으로 돌린다. 발꿈치는 세운 발과 너무 떨어져 있지 않도록 한다.

몸은 약간 앞으로 기울이고, 세운 발 방향으로 돌린다. 팔놀림은 러닝 포옴과 같이 자연스럽게 흔든다. 눈

발등 안쪽으로 하는 드리블

발등 전체로 하는 드리블

발등 바깥쪽으로 하는 드리블

드리블

1

2

3

드리블의 자세(1)

(1) 상체를 세우고 보올의 2∼3m 앞을 본다. 보올을 간접 시야에 넣어 둔다.
(2) 보올이 발에서 너무 떨어지지 않게 언제든지 콘트롤할 수 있는 범위에서 키이프 한다.
(3) 보올과 동시에 상대를 시야에 넣은 후 드리블하는 연습을 한다. 이 때, 3m 정도 앞에 상대 한 사람을 세워 둔다.

기본 기술

은 보올에 발이 닿는 순간에 보올을 주시한다. 보올이 접촉하지 않는 동안에는 머리를 들어 주위의 상황을 살피면서 뛴다.

2. 인스텝 드리블(발 전체)

이 드리블의 특징은 러닝 동작인 채 즉, 여분의 조작을 가하지 않고 보올을 앞으로 밀고 나갈 수 있는 점이다. 그러나, 보올에 닿는 면은 발등(구두끈이 있는 부분)이며, 발등 안쪽이나 발등 바깥쪽에 비해 적기 때문에 콘트롤이 좀 어렵다.

뛰면서 발끝을 약간 아래로 향하고 발등 전체로 보올을 앞으로 밀어낸다. 눈과 팔은 인프론트 드리블때와 마찬가지이다.

3. 아웃프론트 드리블(발등의 바깥쪽)

뛰면서 보올에 닿기 직전에 발목을 안쪽으로 돌려, 발등 바깥쪽으로 보올을 앞으로 밀고 나간다.

이 방법은 앞의 두 가지 방법에 비해 보올에 닿는 면을 가장 넓게 할 수 있으며, 더구나 보올에 부드럽게 터치할 수 있는 이점이 있다.

■ 드리블의 5대 포인트

드리블에는 언제나 패스·슛·페인트를 할 수 있는 태세이어야 한다. 발끝, 발의 안쪽, 발등, 발의 바깥쪽으로 밀며 나간다. 왼발·오른발을 다 사용하지 않으면 안된다.

1. 보올을 앞으로 보내지 말 것

보올이 너무 앞으로 나가지 않도록 옆이나 밑을 스치는 기분으로 밀고 나간다.

발 안쪽을 사용할 때는, 보올과 함께 달리면서 발이 보올에 닿기 전에 발끝을 바깥쪽으로 향한다. 복사뼈에 힘을 주면 안된다. 상체는 가볍게 앞으로 기울이고, 양팔은 보통 달릴 때와 같은 자세로 거의 직각적으로 굽히고 힘을 뺀다.

2. 곁눈질로 살필 것

머리를 쳐들고 반드시 발 밑 3m 앞을 본다. 주위의 적군과 아군을 주의하여 보면서 보올은 곁눈질하며 좇아 나간다. 또, 보올이 발에 닿는 순간마다 필드를 살피고 슛이나 패스를 하기 직전에 보올을 바로 본다.

3. 스피이드에 변화를 줄 것

드리블의 포인트는 상대방의 밸런스를 깨고, 이편의 밸런스를 유지하는데 있다. 즉, 드리블하는 선수는 플레이의 주도권을 잡고 있으니만큼, 적군의 포진에 따라 적당히 러닝의 변화를 주는 편이 훨씬 효과적이다.

4. 방향에 변화를 줄 것

줄기차게 앞으로만 몰고 나가다가는 언제 보올을 가로채일지 모른다. 스피이드에 자신만 있다면 왼발이나 오른발을 사용하여, 여러가지 방향으로 갑자기 움직이거나 이동하도록 한다. 차 내고 → 멈추고 → 리턴하고 → 스윙하고…… 그리고, 폭발적으로 몰고 나가는 동작 등이 드리블의 구성요소이다.

5. 상대방을 따돌릴 것

상대방이 옆에 붙어있을 때나 달리

드리블

드리블의 자세(2)
드리블은 축구 기술 중에서 가장 개인적인 것으로, 개개인의 개성이 나타나는 것이다.

▶ 보울을 감싼다.
상대방의 태클을 막기 위해 몸으로 방비하면서 보울을 감싼다. 드리블할 때, 상대방보다 멀리한 발로 보울을 다루며, 몸으로 방비하면서 상대방과 보울 사이에 장벽을 막는다.

▼ 드리블의 기술
드리블로 상대방을 따돌리는 세가지 방법

몸을 놀리는 페인트 : 왼쪽으로 날카롭게 찌르는척 하고, 상대방의 배런스를 깬다. 그리고, 오른발의 아웃사이드로 보울을 재빨리 오른쪽으로 빼낸다.

리바운드 : 상대방이 태클했을 때, 적절한 세력으로 상대방의 발에 차 맞추어 튀어 나오는 것을 잡아 앞으로 나간다.

공중 드리블 : 바운드한 보울을 살 콘트롤하여, 태클하러 들어오는 상대방 머리 너머로 보울을 튕겨 넘긴다.

기본 기술

고 있을 때나 멈추어 있을 때는 상대방과 보올 사이에 자기의 몸이 들어가도록 한다. 다시 말하면, 마아크하고 있는 상대방의 반대쪽에 보올을 놓고 드리블한다.

또, 보올을 잡을 때 상대방과 보올 사이로 뛰어들어, 보올을 앞에 두고 상대방을 등 뒤로 따돌려야 한다. 그래야만 상대방이 쉽사리 덤벼들 수가 없다.

〔연 습〕
1. 단 독
① 보올을 퉁기면서 나간다. 퉁기는 일이 따로따로 되지 않도록 주의한다.
② 바깥쪽 발의 안쪽으로 드리블하면서 센터 서어클의 위를 돌아간다. 그 다음에는 방향을 바꾸어 다른 발로 한다.
③ 원을 2개 그려서 8자로 연결시킨다. 그 위를 발목 안쪽 또는 발목 바깥쪽으로 드리블한다. 한 원에서 다른 원으로 옮길 때는 발을 바꾼다.

2. 단 체(드리블 경쟁)
① 2m 간격으로 6~8개의 기를 일렬로 세워 놓는다. 그 사이를 누벼 가면서 드리블로 왕복한다. 갈 때는 누벼가고 돌아올 때는 직선 코오스로 드리블한다.
② 센터 서어클만한 크기로 원을 만들고, 여섯 사람이 선다. 다른 한 사람이 여섯 사람의 사이를 누비면서 드리블한다. 한 바퀴 돌고 나면 여섯 사람 가운데 한 사람과 교대한다. 또, 두 조로 나누어 드리블 경쟁을 한다.

여러가지 드리블 연습 방법

페인트

■ 페인트도 기본 기술

페인트(feint)란, 「상대방의 허를 찌르는 것」이다. 오른쪽으로 패스하는 척하면서도 왼쪽으로 차 넘기거나 슛을 하는 동작 등은 페인트의 좋은 본보기이다.

예를 들면, 보올을 다루며 상대방이 공격해 올 때, 앞에서 수비하는 선수가 일부러 한 편쪽으로 갑자기 움직이는 척하여 상대방으로 하여금 반대쪽으로 공격을 가하게끔 유도하는 동작 또는, 상대방에 마아크하여 있는 공격측 선수가 고울을 향해 달릴 것 같이 모우션을 취했다가, 갑자기 방향을 바꾸어 되돌아와 상대를 따돌리고 자유스럽게 패스하는 동작, 이상 두 가지 예는 보올없이 하는 페인트 동작이다.

축구는 처음부터 끝까지 보올을 에워싸고 벌리는 상대와의 싸움이므로, 넓은 뜻으로는 페인트의 연속이라 할 수 있다.

이처럼 페인트는 매우 중요한 기술로서, 실전에 있어서 대부분의 동작이 바로 페인트 동작이므로, 초보자는 기본 기술을 익힐 때 페인트 동작을 아울러 충분히 연습하도록 한다.

기본 기술

페인트는 발끝, 가슴·몸·팔·머리로 심지어는 눈으로도 하는 수가 있다. 특히, 고울 키이퍼는 공격해 오는 상대를 현혹시키기 위해 페인트를 사용한다.

■ 페인트의 3대 포인트

1. 크고 재빠르게

마치 오른쪽으로 움직이려는 것처럼 크게 달리는 거짓 동작을 취한다. 그러면 상대방도 본능적으로 그 쪽으로 움직이려고 한다. 그 순간 재빨리 방향을 왼쪽으로 틀어 달린다. 자연적으로 상대방은 따돌림을 당하여 제자리에 머물러 있게 된다.

이와 같이 페인트에서는 동작이 커야 하며, 또한, 몸놀림이 재빨라야 한다. 또한, 몸의 균형을 무너뜨렸다가 순간으로 제자리로 되돌리는 힘찬 모우선도 필요하다.

아직 근육이 단련되지 않은 소년들의 경우, 이와 같은 모우선의 크기와 재빠른 동작을 요구하는 것은 무리이지만, 역시 처음부터 페인트 동작에 익숙해지도록 시키는 편이 좋다.

2. 특기를 가질 것

원칙적으로는 여러가지 페인트 기술을 많이 배워 둘수록 좋다. 그러나, 아무리 일류 선수라 할지라도 실전에서 자유롭게 사용할 수 있는 특기로 하는 페인트 기술은 2~3가지에 불과하다. 그러한 특기를 상대방이 알고 있다해도 걸려들게 마련이다. 그러한 뜻에서 더 많은 종류를 익히는

것도 좋으나, 한 두 가지를 철저하게 익혀 특기로 만들 필요가 있다.

3. 불필요하게 사용하지 말 것

페인트는 실전에서 거의 본능적으로 이루어질 수 있도록 완전하게 익혀야 한다. 그러나, 실전에서 필요이상으로 사용하면 오히려 역효과를 불러 일으킨다. 한 번 사용하여 효과를 볼 수 있는 것을 두 번에 걸쳐 사용해서는 좋지 않다. 페인트의 목적은 상대방을 속이는 수단으로, 이쪽에서 실제 하려는 것에서 상대방의 주의를 산만시키는 방법이다.

■ 페인트의 종류

페인트라는 말에는 넓은 뜻이 있다. 수비의 경우의 페인트는 태클로 보올을 빼내는데 도움을 주며, 공격의 경우에는 보올의 이동을 쉽게 이룰 수 있다. 예컨대, 보올을 갖고 있지 않은 선수가 패스를 받기 전에, 마아크하고 있는 상대방의 역을 취하는 모우선을 취했다가 반대 방향으로 빠져나가 자유스러운 위치를 잡을수도 있다. 얼굴을 약간 반대로 돌리는 것으로만 또는 눈을 한쪽으로 향하는 것으로만도 페인트의 구실을 할 수 있다.

보올을 자기가 다루고 있을 때의 페인트에 한해서도 그 종류가 매우 많다. 여기서는 그 중 대표적인 것을 들어본다.

① 상대가 앞에 있을 때
② 상대가 옆에서 따라붙을 때
③ 상대가 뒤에 있을 때

페인트

방향을 바꾸는 페인트
(1) 오른쪽 앞으로 나가는 드리블에서,
(2) 갑자기 방향을 바꾸어,
(3) 오른쪽 발등 안쪽으로,
(4) 왼쪽 옆으로 끌어당겨, 상대방의 반대로 틀어,
(5) 왼발 등의 안쪽으로 왼쪽 앞으로 제치고,
(6) 종횡으로 빠져나간다.

1. 방향을 바꾼다.

상대방이 앞에서 달려들 때: 보올을 가진 선수가 오른쪽 앞으로 나아가는 척하며 발의 한쪽으로 보올을 옆으로 밀어내고 왼쪽 앞으로 빠진다. 다시 말해 그림과 같은 그라운드 모양의 움직임이 일어난다.

87

기본 기술

2. 차는 척한다

① 상체를 왼쪽으로 한껏 기울여 왼쪽으로 빠지는 것처럼 속이고, 오른발 발등의 바깥쪽으로 밀어 내고 몸도 빠진다.

② 상대가 앞에서 올 때 : 동작이 간단하므로 소년들이 잘 사용한다. 차는 척하면서 발의 안쪽을 사용하여 보올을 살짝 옆으로 빼낸다.

페인트

4　　　　　　　　　　5　　　　　　　　　　6

차는척하는 페인트①
(1) 드리블에서
(2) 왼발을 크게 내딛고, 왼쪽으로 차는척 하고,
(3) 재빨리 타넘어,
(4) 차는 발등의 바깥쪽으로,
(5)~(6) 보올을 밀어내고, 빠져나간다.

차는척 하는 페인트 ②
(1) 왼발을 크게 내딛고, 오른발의 인스텝으로 차는척 한다.
(2) 스윙해 버린 오른발을 보올 옆에서 멈추고,
(3)~(5) 상대방을 따돌리고,
(6) 빠져나간다.

4　　　　　　　　　　5　　　　　　　　　　6

기본 기술

1   2   3

보올을 멈추는 페인트 ①
(1) 상대방이 마아크하는 반대쪽에서 보올을 키이프 한다.
(2) 바깥쪽 발의 넓적다리를 올려,
(3) 발바닥으로 보올을 눌러 멈추는 척한다.

(4) 상대가 주춤할 때 발을 당겨,
(5) 그 발등으로 보올을 밀어내고,
(6)~(7) 다시 드리블하여 상대방을 따돌린다.

3. 보올을 멈춘다 (스피이드를 바꾼다)

드리블을 하던 도중에 갑자기 멈추는척 하며 스피이드를 줄였다가 상대방이 주춤하는 기회를 틈타 대시해 나간다. 상대방이 옆으로 바싹 접근했을 때에 주로 사용된다.

① 옆에서 올 때 : 여기서는 발바닥으로 일단 스톱시켰다가 다시 드리블 한다.

페인트

기본 기술

보올을 멈추는 페인트 ②
(1) 상대가 태클해 들어오기 직전에,
(2) 보올을 멈추는 동작에 옮겨,
(3) 발을 올린다.
(4) 보올을 스톱시키지 않고, 들어 올렸던 발을 내리고,
(5) 보올을 다시 미는 동작으로 옮긴다.
(6) 그 발로 드리블 시작
(7) 상대방을 따돌린다.

② 옆에서 올 때 : 상대방이 있는 쪽 반대쪽 발의 넓적다리를 올려 스톱시키는 척했다가 다시 드리블한다. 리듬의 변화로 상대를 따돌린다.

③ 옆에서 올 때 : 상대방에게 등을 향하고 발 안쪽으로 스톱시키고, 반대쪽 발 안쪽으로 밀어내고, 다시 드리블한다.

페인트

보올을 멈추는 페인트 ③
(1) 상대방이 옆에서 따라붙는 것을,
(2) 상대와 등을 지고 왼발 안쪽으로,
(3) 재빨리 보올을 멈추고,
(4)~(5) 그대로 오른쪽 발등 안쪽을 걸어,
(6) 보올을 밀어내고 드리블하여 상대방을 따돌린다.

기본 기술

  1　　　　　　　　　2　　　　　　　　　3

보올을 끌어당기는 페인트 ①
(1) 왼발을 내딛어 차는척 하고,
(2) 그냥 타넘어,
(3) 차는 발의 발바닥으로,
(4) 보올을 뒤로 끌어당긴다.
(5) 오른쪽을 향해 당긴 발의 발등 안쪽 (또는 바깥쪽)으로,
(6) 보올을 밀어내어 옆으로 나온다.

4. 보올을 끌어당긴다.
　발바닥으로 보올을 끌어당겨 방향을 바꾸어 나간다.

① 앞에서 올 때 : 차는 척하면서 그 발바닥으로 보올을 끌어당기고 옆으로 빠져 나온다.

  1　　　　　　　　　2　　　　　　　　　3

페인트

4 5 6

② 옆에서 올 때 : 발바닥으로 보올을 당겼다가 원래 왔던 방향으로 재빠르게 되돌아간다.

보올을 끌어당기는 페인트 ②
(1) 보올을 따라붙는 상대방의 반대쪽 발을 스윙해 올려,
(2) 발바닥으로 멈추어 뒤로 끌어당긴다.
(3) 그대로 몸을 앞에서 상대쪽으로 돌려,
(4) 상대방과 보올 사이에 몸을 놓고 180도로 회전.
(5) 처음 왔던 방향으로 되돌린 자세에서,
(6) 드리블한다.

4 5 6

기본 기술

보올을 타넘는 페인트
(1) 드리블에서
(2) 오른발 안쪽으로 왼쪽으로 밀어내는 척하고,
(3) 보올을 타넘어,

5. 보올을 타넘는 페인트

보올을 타고 넘음으로써 상대방을 현혹시키는 페인트는 종류도 많고 실전에서도 곧잘 사용된다. 보올을 건드리지 않기 때문에 잘못 다룰 우려가 있으며 자연스럽게 다음 동작으로 옮길 수가 있다.

이상 열거한 갖가지 종류를 하나로 묶어서 또는 한 가지 페인트를 되풀이하여 사용하는 일이 흔히 있다. 하나하나 나누어 따로 연습하기도 하고, 한데 묶어 연습하기도 한다.

페인트로 상대방을 제치는 연습

페인트

(4) 타넘은 오른발을 축으로 하여,
(5) 왼발의 안쪽으로 오른편으로 밀어내는 동작에 들어간다.
(6) 왼쪽의 안쪽으로 오른쪽으로 빠진다.

[연 습]
① 센터 서어클이나 페널티 에어리어 안에 전원이 들어가, 서로 맞부딪치지 않도록 드리블하며 페인트한다.
② 2명이 마주 향하고, 맨 앞 사람이 상대방의 옆으로 빠져 나가려고 한다. 한쪽은 앞을 향한 채 상대방의 코오스를 막는다. 빠져 나가게 하면 교체한다.
③ 약 4m 간격으로 평행선을 긋고 가운데를 다시 갈라 H자형을 만든다. 한 사람은 가로선을 넘어 상대편 진영으로 들어가려 하고, 다른 한 사람은 그의 앞에서 마아크한다 (그림 참조)

기본 기술

보올 리프팅

■ 보올 리프팅의 필요성

시합에 앞서 또는 연습중에 발, 넓적다리, 가슴, 이마 등으로 보올을 연속 퉁기는 것을 흔히 보는데 이것을 보올 리프팅(ball lifting)이라고 한다.

보올 리프팅이 왜 필요한가를 간단히 설명한다.

1. 실전에 나온다.

시합 광경을 유심히 살펴보면 보올을 받아서 처리할 때, 몸의 여러가지 부분을 사용하여 보올을 퉁기는 동작을 볼 수 있을 것이다. 이와 같이 보올 리프팅으로 몸에 익힌 감각이 시합에서는 실제로 큰 구실을 한다. 실전에서 사용되는 횟수의 몇 십배가 되도록 연습하는 기술은 보올 리프팅뿐만 아니라 킥이나 헤딩 따위도 마찬가지이다.

2. 보올의 감각이 몸에 익혀진다.

보올에 대한 감각과 더불어 보올을 다룰 때의 균형, 몸을 놀리는 법을 익힐 수 있다. 올바른 자세로 보올을 자유로이 쉽게 다룰 수 있게 된다.

3. 워어밍업이 된다.

보올 리프팅은 심한 연습이 아니므로 몸의 각 부분을 전부 사용하는 워어밍업으로 적당한 운동이다. 보올을 다루는 연습을 겸하면 재미가 있으므로 맨손 체조만 계속하는 것보다 효과적이며 유익하다.

■연습은 1종목씩

보올 리프팅 연습에서 중요한 것은 처음엔 발등·넓적다리·이마를 따로 따로 사용하여 한 종목씩 차례로 해야 한다. 발등으로 하려고 할 때는 계속 발등만 사용하고, 이마로 하려고 했을 때는 계속 이마만을 사용해야 한다.

예컨대, 이마로 연습할 때, 보올이 높이 떠서 이마로 못받았을 경우, 서둘러 발등으로 받는 따위는 별로 효과가 없다.

각 종목을 한데 묶어 연습하는 것은, 이 단계를 익힌 다음에 하도록 한다. 연습의 순서는 한 종목씩 익혀 나가도록 해야 한다. 또한, 보올을 자기가 마음먹은대로 올리고 마음먹은 대로 퉁겨야 하며, 결코 보올을 쫓아다니는 꼴이 되어서는 안된다.

■ 보올 콘트롤의 포인트

다른 연습과 마찬가지로 보올 리프팅을 할 때는 발부터 연습한다. 이 보올 리프팅은 양발을 다 사용할 수 있어야 하지만 처음에는 주로 사용하는 발부터 시작한다. 공통된 요령은 근육의 긴장을 풀고 가볍게 몸을 놀려야 한다. 또 각 종목마다 연속 30번 이상을 계속하면서 고울 라인에서 하아프웨이 라인까지(약50m) 전진할 수 있도록 번갈아 가며 충분히 연습해야 한다.

보올 리프팅

보올의 중심을 겨냥하고

■ 발등으로 하는 리프팅

보올을 콘트롤하는 발은 언제나 보올의 중심을 겨냥하도록 해야 한다. 균형을 유지하기 위해서는, 몸을 앞으로 기울이고 팔을 어깨의 선보다 아래에 올린다.

발끝을 뻗고 발목을 고정시킨 채 다음과 같이 연습한다.

〔연 습〕

① 보올을 땅에 떨어뜨리고 퉁겨 올라오면 발등으로 가볍게 위로 차 올린 뒤 떨어뜨린다.

② 같은 동작을 오른발와 왼발로 번갈아 행한다.

③ 보올을 땅에 떨어뜨리지 말고 행한다. 보올의 높이는 가슴 정도로 하고 오른발 왼발 교대로 연습한다.

④ ③과 같이 할 수 있게 되면 발등으로 퉁기면서 전진한다.

⑤ ④까지 충분히 할 수 있게 되면, 보올을 발등에 올려 일단 정지시키고, 보올을 한차례 공중으로 밀어 올리고 다시 받아 스톱시킨다. 이렇게 되풀이한다.

■ 넓적다리로 하는 리프팅

넓적다리의 한복판으로 퉁긴다. 넓적다리가 수평으로 올라갔을 때 보올이 닿게 하여, 보올을 똑바로 올린다. 보올을 올릴 때에도 상반신을 곧게 세우도록 주의한다.

〔연 습〕

① 보올을 던져 넓적다리로 받아 올리고, 내려오는 보올은 손으로 잡는다.

넓적다리로 보올을 콘트롤한다.

기본 기술

② ①을 되풀이한 다음 손으로 잡는다.
③ 손으로 잡지 않고 계속한다. 오른쪽 넓적다리만으로 왼쪽 넓적다리만으로 좌우 교대로 한다.
④ 넓적다리로 퉁기면서 전진한다.
⑤ 보올을 높이 올리고 가슴으로 받아서 넓적다리에 떨어뜨린다. 오른쪽 넓적다리에서 가슴, 왼쪽 넓적다리의 순서로 되풀이 한다.

■ 이마로 하는 리프팅

보올의 바로 앞에 서서 위를 향하고 이마의 정면에 맞춘다. 양쪽 무릎을 가볍게 벌리고 서서 살짝 구부렸다 폈다 하며, 그 굴신동작으로 보올을 퉁긴다.

그리고 헤딩

〔연 습〕
① 스스로 보올을 던져 올리고 이마로 헤딩한 뒤, 떨어지는 보올을 손으로 잡는다. 보올에서 눈을 떼지 않는다.
② 그 자리에서 보올을 계속 헤딩한다.
③ 이마로 보올을 헤딩하면서 전진한다.
④ 위로 올린 보올을 이마로 스톱시키고 다시 이마로 올린다.

■ 그 밖의 리프팅

이상 설명한 것 외에도 발의 안쪽(인사이드), 발등외 바깥쪽(아웃프론트), 어깨, 발꿈치 등으로 보올 리프팅을 할 수 있다. 또 땅바닥에 발을 뻗고 앉아 이마로 할 수도 있다.
이상의 각 종목을 연결하여 인스텝 →넓적다리→이마→가슴→인스텝 등으로 연습할 수도 있다.

■ 그루우프로 하는 리프팅

2인 1조 또는 3~4인의 그루우프로 보올 리프팅을 한다. 이것은 패스나 스톱의 연습도 할 수 있다.
① 떠있는 보올을 직접 패스, 헤딩, 인사이드, 인스텝등 종목을 결정하고 직접 주고 받는다.
② 떠 있는 보올에 한 종목을 두 번 헤딩하고 패스
③ 헤딩으로 스톱시키고. 땅에 떨어뜨리지 말고 헤딩으로 패스한다. 이것을 인사이드나 인스텝에 대해서도 종목을 정하고 실시한다.

보올 리프팅

그루우프로 하는 보올 리프팅

④ 오른발의 인사이드로 받아 왼발의 인사이드로 패스한다. 또는 오른발의 인사이드로 받아 스톱시키고 같은 발의 인스텝으로 패스 등과 같이 발이나 종목을 바꾸어 행한다.

101

기본 기술

태클과 차아지

■ 태클의 종류와 그 포인트

여기에서 태클(tackle)이라는 것은 상대방이 키이프하고 있는 보올을 빼앗아 내는 기술을 말한다. 태클은, 수비로서의 순수한 태클에는 서 있는 자세로 행하는 스탠딩 태클(standing tackle)과 발을 뻗차며 미끄러져 주저앉아 보올을 빼내는 슬라이딩 태클(sliding tackle)의 두 가지가 있다.

태클을 익히는데는 동작 그 자체 외에도 상대방과 어울려 하는 연습 즉, 1대 1, 2대 1, 3대 2와 같은 실전적인 연습을 실시하는 가운데 익히지 않으면 안될 요소가 많다.

다시 말해 수비하기 위한 플레이에서는 상대방의 움직임에 따라, 이쪽의 다음 동작을 정해야 하며, 또한, 태클은 수비 위주의 동작으로 자칫 잘못하다가는 반칙을 범하기 쉽다. 특히, 연습 과정이 매우 위험하므로 국민학교·중학교 학생들로 하여금 완전히 익히게 하기에는 다소 무리한 기술이다.

그러나, 수비에 대해서 다음과 같은 점은 충분히 지도하여야 한다.

1. 수비의 중요성

태클이 하나의 기본 기술이라 하여 어떤 상황에서든 구사해서는 안된다. 태클 자체의 뜻이 그러하듯, 수비를 위주로 하여 다급한 경우에 상대방이 가진 보올을 가로챌 수 있도록 충분히 연습해 두어야 한다.

2. 반칙을 하지 말고 막을 것

차아지, 블로킹의 올바른 포옴을 몸에 익히도록 한다.

태클
상대방이 키이프하고 있는 보올을 뺏는 위험한 기술이므로, 반칙이 되지 않도록 충분한 연습을 요한다.

태클과 차아지

범하기 쉬운 반칙에는 상대방과 나란히 뛰면서 팔꿈치로 상대방을 민다든가 보올을 잡으려하지 않고 발로 걸면 푸싱(pushing)과 트리핑(tripping) 반칙이 된다. 태클에 대한 기술이 부족하면 이상과 같은 반칙으로 이행되기가 쉽고 너무 거칠게 구사하다가는 상대방 또는 자기 자신이 상처를 입을 우려가 있다.

■ 어깨로 어깨를 민다(쇼울더 차아지)

자기의 어깨로 보올을 갖고 있는 상대방의 어깨를 밀어서 상대방의 태세를 무너뜨리는 것은 반칙이 아니다.

이러한 위험하지 않고 난폭하지 않은 차아지를 쇼울더 차아지(shoulder charge)라고 한다. 실전에서 서로 다른 티임의 두 선수가 나란히 뛰면서, 이 올바른 차아지로 보올을 빼앗는 것은 흔히 있다. 쇼울더 차아지를 할 때의 요령은 다음과 같다.

① 상대방의 중심이 자기의 반대쪽 발에 옮겨졌을 때 즉, 반대쪽 발이 땅에 닿았을 때 사용한다. 즉, 상대방은 한발로 서 있으므로, 이때 차아지를 가하면 몸의 균형을 잃고, 보올을 남게하여 한 쪽으로 넘어지기 때문에 이 보올을 지배할 수 있다.

쇼울더 차아지
(1) 보올에 서로 달려든다.
(2) 어깨와 어깨로 서로 밀치는 것은 올바른 차아지
(3) 상대방이 바깥쪽 발에 중심을 옮긴 순간을 노려 상대방의 자세를 흐트리고,
(4) 상대방과 보올 사이에 몸이 들어가 보올을 빼앗는다.

1

2

3

4

기본 기술

쇼울더 차아지의 연습 ①

쇼울더 차아지의 연습 ②

② 일단 보올을 뺏으면 상대방과 보올사이에 자기 몸을 비벼 넣어 상대방을 등 쪽으로 따돌린다.
특히, 이 경우에 반칙을 범하기 쉬운데 발꿈치로 상대방을 밀거나 보올을 누르지 않고 발을 거는 일이 없도록 주의해야 한다.

〔연 습〕
1. 2인 1조
① 2명이 나란히 드리블을 하면서 달리다가 적당한 시기를 보아 차아지를 행한다(상대방은 적극적으로 방비하지 말고 태클을 쉽게 할 수 있도록 해 준다).

1

2

태클과 차아지

② ①을 제대로 할 수 있게 되면 상대방은 차아지에 대하여 적극적으로 저항한다.
③ 보올을 전방에 놓고 2명이 동시에 출발, 보올에 선착한 쪽이 보올을 가로채고 다른 한 사람이 어깨로 차아지하며 보올을 가로채려고 한다.

■ 스탠딩 태클

상대방이 보올을 드리블하여 접근해 오면, 방어자는 상대방을 따라 뛸 수 있는 자세를 취한다. 무릎을 약간 굽히고 발의 사이를 좁힌다. 발꿈치를 올린 채 눈은 보올을 주시하고 상대방의 움직임을 곁눈질로 쫓는다. 보올이 상대방의 발 밑에서 떠나 보올 콘트롤이 흐트러질 때를 노린다.

상대방이 갖고 있는 보올을 뺐을 때는, 이쪽에서 달려들려는 것을 상대방이 눈치채지 않도록 하는 것이 중요하다. 일류 선수가 되면 이쪽의 무릎이 조금만 움직여도 태클이 들어올 것을 눈치채고 재빠르게 이에 대처할 것이다. 따라서, 한 가지 동작으로 뛰어드는 것이 하나의 요령이다.

태클
(1) 보올을 주시하며, 태클 동작은 재빨리,
(2) 땅을 스치듯이 발 안쪽을 보올 중심에 닿게 한다.
(3) 보올에 닿는 동시에 반대쪽 발을 당겨 모아,
(4)~(5) 몸을 상대방에게 기댄다.

3

4

5

기본 기술

태클의 실례
최후까지 보올에서 눈을 떼지 말 것

　그러므로, 한 발로 내딛고 뛰어드는 것과 같은 2개 거동의 태클은 실전에서는 그다지 쓸모가 없게 된다.
　재빨리 한 동작으로 뛰어드는 것이 태클의 포인트이다. 태클을 행하는 발의 안쪽은 발 안쪽으로 행하는 키킹과 마찬가지로 발끝을 밖으로 돌리고 발 안쪽면을 보올에 직각으로 갖다 댄다. 발 안쪽을 보올에 접촉 시키는 순간에는 상반신을 약간 앞으로 기울여 상대방에게 가까이 가져간다.
　태클을 하여 보올을 뺏은 뒤에는 곧 다음 동작으로 옮겨야 하며, 설사 실패하더라도 곧 다시 따라가 뛸 수 있어야 한다. 그러기 위해서는 한 발로 보올을 누르는 동시에 곧 다른 한 발을 끌어 당겨 다음 동작으로 옮길 수 있는 자세로 되는 것이 이상적이다.

〔연 습〕
1. 단 독
① 보올없이 혼자서 태클의 포옴을 익힌다.
2. 2인 1조
① 한 사람이 발의 안쪽 또는 바깥쪽으로 보올을 스톱하여 갖고, 다른 한 사람이 태클을 한다. 처음에는 50cm 정도 떨어진 곳에서 선 채로 뛰어들고, 다음은 2~3보 거리에서 천천히 뛰어들어 태클한다.
② 한 사람이 드리블을 하면, 다른 한 사람이 마주와서 태클한다. 처음에는 드리블을 하는 사람은 상대방이 태클을 쉽게 할 수 있도록 천천히 한다.

◆◆◆◆

4   5   6   7

■ 슬라이딩 태클

올바른 슬라이딩 태클을 행할 경우에는 자기나 상대방도 부상할 위험은 없다. 그러나, 두 발을 모아 점프하면서 행하는 태클은 상대방의 정강이에 상처를 입힐 우려가 있으므로, 설사 상대방 발에 접촉하지 않는다 해도 상대에게 뛰어든(jumping at an opponent) 플레이로 이를 금지하고 있다.

슬라이딩하여 보올을 누르거나 차내는 태클은 다급하여 어쩔수 없이 그 보올을 처리해야 할 때만 사용된다. 정상적인 태클은 상대방을 좇아가거나 또는 비스듬히 뒤에서 태클하는 경우가 많다. 슬라이딩 태클은 다음과 같은 요령으로 하는 것이 좋다.
① 나란히 뛰면서 옆으로부터 뛰어들어 상대방에게서 먼 쪽의 발로 태클한다. 이렇게 하면 상대방의 발을 거는 반칙을 피할 수가 있다.
② 한쪽 발을 힘껏 내딛고, 중심을 낮게 하여 태클하는 발을 뻗는다. 손가락 끝을 앞으로 하여 땅에 댄다.
③ 발의 바깥쪽 끝으로 땅을 스치므로써 발의 안쪽이나 바닥으로 보올을 누르거나 발등으로 차낸다.

〔연 습〕
1. 단 독
① 보올 없이 천천히 슬라이딩 태클의 포옴을 잡아본다. 즉, 세운 발의 무릎을 굽히고 팔로 몸을 지지하면서 또, 양손이 꺾이지 않도록 안쪽으로 모으고 달려가 뛰어든다. 이 때, 멈추는 발의 무릎을 뻗으면서 발 안쪽 또는 발바닥으로 보

기본 기술

올을 차내는 동작을 되풀이한다.
② 보올을 4-5m 앞에 놓고, 러닝하여 뛰어들어 보올을 옆으로 차내는(밀어내는) 연습을 한다.

2. 2인 1조
① 상대방이 천천히 차는 동작을 하면 한 사람이 비스듬히 뒤편에서 슬라이딩 태클하는 연습을 한다.
② 코우치가 천천히 굴려 보낸 보올에 뛰어든다.

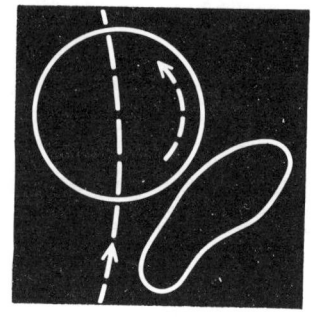

슬라이딩 태클의 실례

드로우-인의 올바른 자세

드로우-인

■ 오프사이드가 없다

 드로우-인의 방법은 경기규칙에 확실히 정해져 있다. 플레이어는 경기장 안을 향해 양발을 터치 라인 위에 서거나 또는 바깥쪽 지면 위에 선다. 양손으로 보올을 잡고 머리 뒤편에서 머리 위로 넘겨 똑바로 던져 넣는다.
 이와 같은 올바른 드로우인 던지기의 습득을 대수롭지 않게 여기는 선수가 있는데, 이것은 큰 잘못이다.
 드로우인은 손으로 던지는 것이기 때문에 보올을 정확하게 보내는데는 매우 편리하다.
 드로우-인으로부터는 직접 득점이 되지 않으며 드로우-인을 하여 자기 고울에 직접 넣었을 때에는 상대에게 코오너 킥을, 상대 고울에 넣었을 때에는 상대에게 고울 킥을 주게 된다.
 더구나 드로우인 할 때는 오프사이드 반칙이 적용되지 않는다. 경기규칙에 드로우인된 보올을 받는 선수는

기본 기술

어디에 있거나 오프사이드가 되지 않는다고 정해져 있다. 따라서, 드로우인으로 멀리 있는 우군에게 정확히 좋은 보올을 던지면 상대 티임은 곤경에 빠지는 수가 많다.

실제로 30m 정도까지 던지는 선수도 있다. 그러한 드로우인을 페널티에어리어 부근에서 행하면, 코오너 킥과 맞먹는 효과를 거둘 수가 있는 셈이다. 그러한 까닭에 드로우인에 대하여 더욱 주의를 기울여야 한다. 또한, 드로우인에 익숙하지 못한 선수는 모처럼의 기회를 얻었는데 파울드로우(foul throw) 즉, 드로우인 반칙을 범함으로써 보올을 상대 티임에게 넘겨 주고마는 경우도 많다. 이런 예로 미루어 보더라도 드로우인이란 결코 쉽게 취급할 기술이 아님을 알 수 있다.

보올 잡는 법의 올바른 자세
손가락을 넓혀, 보올 뒤쪽을 누른다.

■ 올바른 드로우-인

드로우인의 포인트는 「바르게, 빨리(타이밍 좋게), 정확히」해야 한다.

드로우인은 선 채 할 수도 있고, 달려가면서 할 수도 있다. 선 채 드로우인 할 때는 양손의 엄지손가락과 집게손가락 끝이 서로 닿을 정도로 뒤에서 보올을 받친다. 즉, 손바닥으로 보올을 잡는 것이 아니라 손가락 끝으로 누르는듯이 잡는다. 양팔을 굽히고, 머리 바로 뒤로 가져간다. 양발을 벌리고 체중을 고루 얹는다. 양발, 상체, 어깨, 양팔, 양손목, 손, 손가락 등을 잘 구사하여 보올을 던진다. 이 동작은 무릎을 약간 굽혀 상체를 활 모양으로 뒤로 제친 다음, 이어 상체를 일으키면서 앞으로 기울여 팔을 한껏 뻗어, 손목을 내려 손끝이 아래로 향한데서 끝난다.

달리며 하는 드로우인의 경우도 요령은 대체로 같다. 대충 5∼8보 정도 달려가서 보올을 던진다.

달리며 하는 드로우인에서 주의할 점은, 던질 때 발이 어느 한 발이라도 땅에서 떨어지지 않도록 주의해야 한다.

〔연 습〕

반드시 라인을 긋고 연습한다. 2인 1조의 경우에는 두 사람 앞에 라인을 긋도록 한다. 보올없이 선 채 하는 드로우인과 달리며 하는 드로우인의 포옴을 익힌다.

1. 2인 1조

① 약 10m의 간격으로 서서, 먼저 보올을 바로 잡고 던지는 포옴을 익힌다. 한 사람이 던지면 다른 한 사람은 스톱시켜 드로우인으로 돌려 보낸다.

② 머리 높이, 가슴 높이, 장거리 등의 연습을 되풀이한다.

③ 실전과 같이 한 사람에 한 사람씩 상대를 붙여 모두 함께 연습한다.

④ 뛰고 있는 자기편 선수에게 보올을 넘긴다. 실전과 같이 자기편 선수에게 보올을 넘긴다. 실전과 같이 자기편 선수를 뛰게 해서 드로우인 한다.

드로우인의 반칙(라인 크로스)
　터치 라인을 밟으면 안된다.
드로우인의 바른 실례
　양발 모두 땅에 딛고 서서 양손으로 보올을 잡고 머리 뒤로 넘겼다가 앞으로 힘껏 내던질 것

기본 기술

■ 드로우인은 임기응변으로

드로우인을 받으려는 선수의 옆에는 항상 상대편 선수가 붙어서 마아크하게 마련이다. 그러므로, 이 마아크를 따돌리고 드로우인하는 것이 가장 중요하다. 이러한 예를 들면 다음과 같은 요령이 필요하다.

① 상대방이 미처 수비 태세를 갖추기 전에 빨리 마아크 상대가 없는 자기편 선수에게 던지는 것이 가장

효과적인데, 마아크하고 있는 상대방이 배후에 있을 경우에는 받는 쪽의 몸 앞에서 엄지손가락이나 눈짓 등으로 드로우인해 주기 바라는 방향을 지시한다. 보올을 받는 선수는 반대쪽으로 움직이는 첫처럼 페인트를 걸고나서 보올을 받는다.

② 드로우인하는 선수가 보올을 던질 태세를 갖춘 다음에 받는 쪽 선수의 행동이 시작되어야 한다. 그렇지 않으면 상대방이 따라 붙게되어 던질 곳이 없어지기 때문이다.

③ 드로우인하는 선수는 라인 밖에서 보올을 주우면서 빨리 그라운드 안의 상대편과 자기편의 상황을 살펴야 한다. 또한 던질 때 페인트를 걸수도 있다. 예컨대, 오른쪽으로 던지는 척 하다가 왼쪽으로 던지거나 혹은 멀리 던지는 척하다가 가까운 곳에 있는 자기편 선수에게 던지는 등.

④ 받을 선수가 던지는 쪽으로 너무 가까이 접근하지 않는 것이 좋다. 왜냐하면, 너무 접근하게 되면 상대방도 눈치를 채고 가까이 다가오기 때문에 보올을 받을 때 그 처리가 어렵게 된다. 그러한 상황을 잘 판단하지 않으면 안 된다.

드로우인 받는 법

받는 선수가 상대를 등 뒤에 두고, 손으로 던져줄 방향을 지시, 반대 방향으로 뛰는 척하면서 마아크를 제치고 보올을 받는다. 이것은 상대방의 마아크를 따돌리는 일례이다.

슈 팅

■ 슛의 거리·각도·표적

슛의 기본적인 원칙은 패스와 거의 마찬가지이다. 다만, 보올을 차는 힘과 보올을 차는 각도와 보올이 날으는 방향을 더 한층 콘트롤할 수 있어야 한다.

여러가지 스타일이 있지만, 기본은 같으며 극히 단순하다.

슛할 때 중요한 것은 킥하는 발보다 세운 발을 어떻게 구사하느냐에 따른다. 즉, 차는 발을 바른 각도에서 스윙할 수 있느냐 없느냐는 세운 발의 위치 여하에 따라 정해지기 때문이다.

예를 들면, 세운 발을 보올 뒤편에 놓으면 킥한 보올은 높이 날아간다.

세운 발의 위치가 중요하다.

기본 기술

세운 발을 보올 바로 옆에 딛으면 보올은 낮게 날은다.

잘못하여 세운 발을 보올보다 앞으로 내딛으면 보올이 눌리게 된다.

세운 발의 끝과 무릎은 표적을 향해 똑바로 향한다.

반대로 세운 발을 보올 바로 옆에 놓으면 보올은 낮게 지면에 평행하여 날은다. 잘못하여 세운 발을 보올 보다 앞으로 내딛었을 경우에는 킥한 보올은 어느 정도 땅에 눌리는 듯한 모양이 되어, 킥한 힘이 줄어들어, 마음먹은 방향도 제대로 잡히지 않는다.

이와 같이, 보올이 날으는 각도는 세운 발의 위치에 따라 결정된다. 보올을 중심으로 하는 라인(옆·뒤·앞)을 가정하여, 세운 발이 그 라인과 어떠한 관계가 성립된다는 점을 알 수 있다. 이러한 관계는 보올이 움직이고 있는 경우에서든 정지하고 있는 경우에서든 마찬가지이다.

보올이 날으는 방향은, 킥하는 순간의 세운 발의 발끝과 무릎의 위치에 따라 정해진다. 어떤 정해진 표적을 향해 슛하려면, 세운 발의 발끝과 무릎은 그 표적 방향과 마주 향해 있어야 한다.

이상 두 가지 원칙을 의식하지 않고도 자연히 해 낼 수 있을만큼 되풀이하여 몸에 익히도록 한다.

상반신의 자세도 중요하다.

몸의 중간 높이나 그 보다 낮은 슛을 할 때는 어깨가 세운 발의 발끝과 무릎의 바로 위에 오도록 서서, 상체를 충분히 앞으로 기울일 수 있는 정도의 자세를 취한다.

고울킥의 경우 등 보올을 높게 찰 필요가 있을 때는, 상체를 가볍게 뒤로 끌어 당기어, 어깨가 세운 발의 발끝과 무릎보다 뒤로 오는 정도의 자세를 취한다.

슈 팅

■ 여러가지 슛

보올을 차는데는 발의 여러 부분을 사용한다. 발등, 발등의 안쪽과 바깥쪽, 발의 인사이드와 아웃사이드 때로는 발꿈치나 발끝도 사용한다.

발등은 장거리 슛에 쓰인다. 왜냐하면, 발등의 한복판은 보올에 닿는 부분이 넓어 바르게 큰 힘을 가할 수 있기 때문이다.

커어브가 들어가는 슛일 때는 발등의 안쪽이나 바깥쪽을 사용한다.

왼쪽으로 커어브가 있는 슛은 왼발로 차려면, 보올의 중심이 아니라 보올의 오른편을 발등 안쪽으로 차야 한다.

반대로, 오른쪽으로 커어브하는 슛을 차려면, 왼발의 발등 안쪽으로 보올의 왼편을 차야 한다.

오른발로 오른쪽으로 커어브되는 슛을 차려면, 발등의 바깥쪽으로 보올의 왼편을 찬다.

발의 인사이드와 아웃사이드는 고울 가까이까지 공격해 들어갔을 때 흔히 사용된다. 고울키이퍼는 상대방 선수가 공격해 들어 왔을 때, 그 선수를 향해 뛰어 나가 슛의 각도를 좁히며, 또는 슛을 못하게 한다. 그러한 경우에 발의 안쪽이나 바깥쪽으로 밀어 넣는듯한 슛이 자주 사용된다.

이러한 때에 고울 키이퍼는, 자기가 수비하기에 편한 고울의 한 구석을 상대편에 노리게 하려고 그 쪽에 일부러 공간을 만들려고도 한다. 그러한 고울 키이퍼의 전술도 있으므로, 공격하는 선수는 공간에만 너무 집착하지 말고, 주의깊게 말뚝을 박는듯한 슛을 노리도록 해야 한다.

고울 키이퍼로서는 보올이 약한 세력이라 할지라도 정확하게 노려 오는 슛이 강한 슛보다 방비하기 어렵기 때문이다. 강 슛의 경우는 보올이 날아 오는 속도는 확실히 빠르나, 슛의 코오스는 그다지 변화가 없다. 그러므로, 설사 보올의 세력이 약하더라도, 계산에 넣어 겨냥된 슛은 어떻게 겨냥하여 들어올지 고울 키이퍼로서는 예측하기 어려운 것이다.

인사이드 킥은 발과 보올의 접촉면이 더욱 넓기 때문에, 정확한 슛을 할 수 있다.

장거리 슛의 경우에는 차는 발의 스윙에 다음 세 가지 점에 특히 주의하지 않으면 안된다.

① 발을 굽히면서, 되도록 뒤로 그리고 위로 가져간다.
② 보올을 차기 위한 발의 스윙 시작은 폭발적이어야 한다.
③ 보올을 찬 다음, 발은 반 원을 그려 자르는 정도로 앞으로 또는 위로 쭉 뻗도록 한다.

하아프 발리 킥이나 발리 킥의 경우에는, 무릎과 발목을 뒤로 스윙했다가 뻗은 발끝과 무릎이 같은 거리로 나가도록 하여, 보올이 낮게 수평으로 날아가도록 한다.

◆◆◆◆

기본 기술

슛할 때 양팔로 균형을 잡는다.   보올을 찰 때는 폭발적으로

슈 팅

■ 보올에서 눈을 떼지 말 것

슛에 대한 또 한 가지 기본적인 원칙이 있다. 그것은 보올을 차는 순간에는 보올에서 눈을 떼지 않는 것이다.

킥 직전에, 사전에, 수비측의 선수, 고울 키이퍼 그리고, 고울과의 위치는 확인해 두어야 한다. 그리고, 슛의 방향과 힘의 안배를 정확하게 정하고 슛하는 순간에는 눈이 보올로 되돌아 와야 한다.

킥할 때의 몸의 균형을 잡기 위해서는, 양팔이 중요한 구실을 한다. 차는 발 쪽의 팔은 약간 몸에서 떼어 아래로 내린다. 세운 발 쪽의 팔은 거의 어깨 높이까지 들어 올린다.

킥할 때는 불필요한 근육을 수축하면 안된다. 즉, 몸의 다른 부분의 근육은 긴장을 풀어 편안이 하고 모든 에너지를 차는 발에 집중시켜, 강력하고 재빠른 킥을 해야 한다.

보올을 차는 것은 폭발이다./ 그 폭발시키기 위한 근육의 힘을 최고 상태에서 구사해야 된다. 그러므로, 이 폭발에 참여하지 않는 다른 근육을 쓸데없이 긴장시켜, 에너지를 헛되이 하면 안된다.

■ 좌·우 어디서나 슛할 수 있도록

제아무리 상대편 진영의 고울문 앞까지 보올을 몰고 갔다 하더라도 득점과 연결시키지 못하면 아무 소용이 없다. 그러므로, 몇 번 안되는 슛 차안스를 놓쳐서는 안된다.

슛의 기본을 충분히 연습할 것. 또, 양편 발로 슛 연습을 쌓도록 해야 한다. 플레이어는 어느 쪽 발로도 슛을 훌륭히 할 수 있어야 한다.

또, 겨냥한 장소에 바른 슛을 하여 득점할 수 있도록 슛의 각도를 익히도록 해야 한다.

그리고, 슛의 차안스를 잡으면, 그 이상의 드리블을 하지 않는 것이다. 보올을 빼앗길 위험을 범하는 불필요한 드리블을 계속 하느니보다, 슛의 차안스를 놓치지 말고 득점과 연결되도록 하는 것이 중요하다.

고울 문에서 30m 이내의 장소라면 어디에서나 슛을 노리는 차안스가 있으므로, 페널티 에어리어 안으로 몰고 갈 때까지 슛을 망서리거나 하면 안된다.

또 한 가지 알아 둘 것은 슛하기 좋은 위치에 자기편이 있을 때는, 무리하게 자기가 슛하려 들지 말고, 자기편에게 패스해 주는 것이 좋다. 패스해 주는 선수는 킥이나 헤딩으로 득점하는 선수와 마찬가지로 중요한 것이다.

패스받은 선수는 그 보올을 스톱시키지 않고 직접 슛을 하는 것이 가장 좋다. 그러나, 페널티 에어리어 안에서는 재빠른 보올 콘트롤과 신속한 슛이 가장 효과적이다.

〔연 습〕

1. 단 독

페널티 에어리어 부근에 보올을 놓고 미리 슛할 표적을 정해 놓고 그곳에 들어가도록 한다. 여러가지 다른

기본 기술

킥법으로 찬다.
2. 2인 1조
① 한 사람이 쉽게 보올을 정면, 비스듬히 앞으로, 옆 또는 비스듬히 뒤에서 천천히 굴려 주어, 다른 한 사람이 슛하도록 한다.
② 보올을 뒤에서 또는 비스듬히 뒤에서 굴리게 하고, 한 사람은 이것을 마아크하게 하고 킥하는 사람은 이를 피해 슛한다. 처음에는 방어자는 너무 적극적으로 커버하지 않도록 하고, 익숙해짐에 따라 차츰 심하게 마아크한다.
③ 페널티 에어리어 밖에서 드리블하여 그대로 슛한다. 드리블의 방향은 고울 키이퍼의 정면이 아닌 좌우 어느 쪽의 고울 포스트 방향으로 드리블하고 키이퍼와 어느 정도의 각도를 붙여 슛한다.

펠레의 폭발적인 슈팅

고울 키이퍼

■ **고울키이퍼의 역할**

고울키이퍼(goal keeper)의 임무를 간단히 정의하면 다음 세 가지로 요약할 수 있다.
(1) 고울을 막는다.
(2) 공격을 재개한다.
(3) 수비하는 자기편 선수를 지휘한다.

첫째 역할은 명백하다. 고울 키이퍼는 패배를 막는 최후의 방위선이다. 그러므로, 절대 실패해서는 안될 포지션이다. 고울키이퍼의 실수는 허용될 수 없다고 누구나 생각하고 있다.

고울키이퍼가 확실히 고울문을 지켜주느냐 그렇지 못하느냐에 따라 그 티임 전체의 사기를 좌우한다. 그래서 고울키이퍼는 자기가 실수했을 경우라도 냉정하지 않으면 안된다.

고울을 막는 길은 참으로 어려운 것이다. 예를 들어 얼른 보아 대단치 않은 슛을 막는 것도 고울키이퍼 자신은 모든 신경을 집중시켜 막기 때문에 극히 어려운 것이다.

고울 문 중앙에 자리 잡고 양쪽을 바라볼 때 수비하지 않으면 안될 확 터있는 공간은 불안한 느낌이 항상 따르게 마련이다. 앞에서는 공격하는 편과 수비하는 편이 한데 어울려 10명에서 12명이 일단이 되어 촌각을 다투는 장면이 시야에서 전개된다. 이러한 때의 초조감과 불안함은 고울키이퍼 자신만이 느끼는 경험이다. 이 밖에 악조건이 겹치는 경우는 얼마든지 있다.

고울 에어리어나 페널티 에어리어 안은 혼전이 심한 곳이라 그라운드는 평편하지도 않다. 바람의 강도나 방향도 생각하지 않으면 안된다. 태양의 위치도 고려하지 않으면 안된다. 절대로 실수해선 안된다는 긴장감·시합에 패하였을 때는 고울키이퍼에 그 책임을 묻는 경우가 얼마나 많은가, 여하튼 고울키이퍼는 가장 어려운 포지션을 담당하고 있는 것이다. 이토록 어려운 포지션이니만큼 고울키이퍼는 손으로 보올을 다룰 수 있도록 허용된 유일한 선수이다.

따라서, 고울키이퍼의 역할은 다른 선수와 마찬가지로 기본 기술을 익힌 다음, 다시 손을 유효 적절하게 사용하여 보올을 정확하고 안전하게 잡아낼 수 있는 기술을 비롯한 고울키이핑(goal keeping) 즉, 고울을 지키는 기술을 익혀야 한다. 또한, 고울키이퍼는 다른 포지션의 플레이어 이상으로 여러가지 기술을 배워야 한다. 고울과 슛의 각도에 대하여, 프리이 킥에 대한 수비의 벽을 만드는 법에 대하여, 상대방의 공격진과 자기편 선수의 수비하는 형태 등 여러가지를 알아야 한다.

1. 고울키이퍼의 필수 요건

고울키이퍼는 다음과 같은 필수 요건을 갖추어야 한다.
① 반사 신경이 예민해야 하며,
② 냉정한 판단력이 있어야 하고,

③ 용감하며,
④ 신장 175~185cm 정도의 튼튼하고 균형잡힌 체격이어야 한다.
또, 점프력·기민성·유연성 등도 요구된다.

2. 기본 자세

두 발을 약 30cm 정도 벌리고, 발무릎을 약간 굽혀 체중을 발바닥 전체에 두고 몸을 약간 앞으로 기울인다. 두 손은 팔꿈치에서부터 땅과 평행이 되도록 내밀고, 손바닥은 아래로 향한다.

또한, 언제 어느 쪽으로든 움직일 수 있는 자세를 취한다. 자기편 수비진을 자기가 수비하기 좋도록 지시하면서 조금씩 위치를 옮긴다. 보올을 캐치할 때까지 보올에서 눈을 떼면 안 된다.

기본 자세
발끝에 체중을 얹고, 발 뒤꿈치는 약간 올린다. 보올이 좌우 어느 쪽으로 오더라도 재빨리 움직일 수 있는 자세를 취한다.

기본 기술

■ 고울키이퍼의 5대 포인트

고울키이퍼는 풍부한 시합 경험에서 좋은 실력과 기술을 발휘할 수가 있다. 그러므로, 많은 시합을 통해 여러가지 중요한 점들을 직접 배워야 한다. 여기서는 극히 상식적인 것을 들어둔다.

1. 항상 고울을 염두에 둔다.

시합중, 보올과 고울 사이의 거리, 상대방이 고울의 어느 부분을 겨냥하고 있는가, 날아오는 보올의 코오스 등의 판단이 전부 고울과 밀접한 관계를 이루는 것이므로, 고울키이퍼는 어디에 서 있거나 항상 고울 포우스트와 자기와의 관계를 염두에 두고 판단해야 한다. 그러한 습관을 길들이기 위해서는 모래 사장에서의 연습 이외

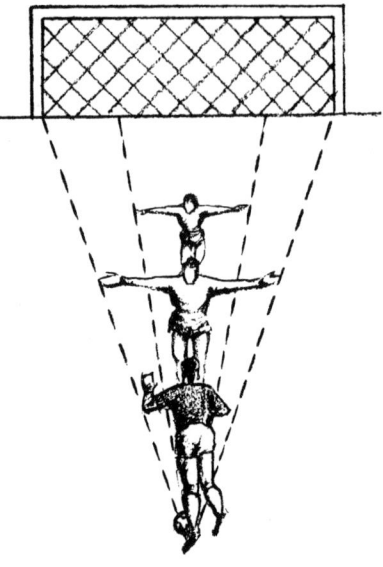

1대 1이 되었을 때는 앞으로 전진, 상대방 슛의 범위를 좁힌다.

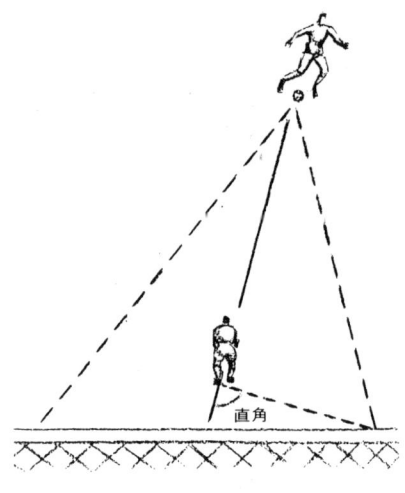

고울 키이퍼의 위치 잡는법

에는 항상 고울 안에서 연습하도록 한다.

2. 위치 잡는 법

슛을 해 올것이라 예측되는 쪽으로 다가서, 그림과 같은 위치를 취하는 것이 원칙이다. 그러나, 이것은 어디까지나 원칙에 지나지 않으며, 그때 그때의 상황에 따라 달라진다. 보올이 멀리 있을 때는 고울 라인 위에 서 있는 것이 가장 좋다. 그리고, 자기편의 수비에 의해 보올의 행방이 시야에서 가려지는 일이 없도록 지시한다

3. 1대 1일 때는 곧 전진할 것

고울 앞으로 날아오는 센터링을 잡으려 할 때도 물론이지만, 상대편 공격 선수가 단독으로 드리블하여 돌진해 올 때, 고울키이퍼는 고울 라인에서 뛰어 나가 막도록 해야 한다. 그러할 때는 조금도 주저하지 말고, 전진하여 상대방의 숏 범위를 좁힌다. 그러나 상대방이 숏을 할 때는 그대로 머물러 있어야 한다.

4. 높은 보올은 꼭 막을 것

페널티 에어리어 안에서는 유일하게 손을 사용할 수 있다는 이점을 십분 활용하여, 공중 보올이 날아오면 용감하게 뛰어 나가야 한다. 일류 고울키이퍼는 코오너 킥이건 센터링이건 페널티 에어리어 안으로 떠 오른 보올은 모두 자기의 수비 범위로 하고 있다. 고울에서 벗어나지 못하고, 숏만 막는 정도로는 훌륭한 고울키이퍼라고 할 수 없다.

5. 고울키이퍼는 리이더가 된다.

고울키이퍼는 자기편 수비 선수를 지휘하여 수비를 튼튼히 하는 조직을 짜야 한다. 고울키이퍼는 그라운드의 맨 후방에 위치하고 있으므로, 시야가 넓기 때문에 게임의 전개와 동향을 파악하기 쉽다.

따라서, 상대편의 움직임이나 자기편의 포지션의 결점 등에 대하여 적시적시 주의와 경고를 한다든가 수비 형태를 바로 잡게하는 등 자기편에게 지시를 내고 티임을 격려하는 것이 훌륭한 고울키이퍼라 할 수 있다.

자기편을 지휘하는 것도 고울 키이퍼의 역할이다

■ 캐 칭

1. 보올을 감싸는 방법

언제나 두 손을 가지런히 하고, 손가락은 가볍게 뻗는다. 보올이 손바닥에 닿는 순간에 손가락으로 보올을 빨아들이는 것처럼 감싸쥐고 뒤로 당기면서 그 세력을 줄인다. 굴러오는 보올을 잡을 때는 새끼손가락이 서로 닿을 정도로 하여, 보올이 날아든 방향의 정면에서 잡는다.

2. 무릎 아래의 보올을 두 발로

① 대기 자세: 보올이 날아오는 코오스 위에 두 발을 약 10~12cm 벌려 똑바로 선다. 무릎을 뻗고, 상체를 잔뜩 굽힌다. 두 팔을 뻗어 손가락

기본 기술

이 땅에 닿도록 아래로 내리고, 양쪽 새끼손가락이 마주 닿도록 손바닥을 앞으로 향한다.
② 접촉하는 순간과 감싸기 : 보올이 구르는 세력을 이용하여, 보올을 잡아 상체를 일으키면서 가슴 높이로 들어올려 싸 안는다.
〔연 습〕
1. 단 독
　보올없이 제자리에서 캐칭 동작을 반복한다. 다음에는 옆으로 이동해 가다가 신호에 따라 이 동작을 행한다.

2. 2인 1조
① 마주 향해 한 사람이 굴려준 보올을 그 자리에서 캐칭한다.
② 고울라인에서 4～5m 떨어져 평행으로 이동하는 한 사람이 예고 없이 굴리는 보올을 이동하면서 캐칭한다.
③ 고울에서 약 15m 떨어져 굴려 준 보올을 전진하여 캐칭한다.

◆◆◆◆

보올을 잡는 자세
(1) 높은 보올을 잡는 자세

1

(2) 낮은 보올을 잡는 자세

2

고울 키이퍼

정면에서 굴러오는 보올의 캐칭 방법
(1) 무릎을 뻗고 발꿈치를 모아 허리에서 몸을 구부려 앞으로 수그린다.
(2) 양 발 앞에서 잡아,
(3)~(4) 그대로 가슴에 감싼다.

기본 기술

2. 무릎 아래의 보올은 한 발을 꿇고

① 보올이 접근했을 때 : 보올이 굴러 오는 쪽으로 움직여 되도록 정면에 서 세운 발의 발끝을 보올의 진행 방향과 직각으로 향해 선다. 무릎을 굽히고 체중을 잘 지탱한다.

② 접촉하는 순간과 감싸기 : 보올과 먼쪽 발을 내딛으면서, 상체를 보올 쪽으로 굽히고, 두 손을 아래로 뻗어 손바닥으로 보올에 대어 보올의 세력을 이용하여 팔꿈치를 굽힘으로서 동시에 가슴에 안는다.

3. 무릎에서 가슴 높이의 보올

① 대기 자세 : 두 발을 약 10~15 cm 벌린 자세에서 또는, 앞 뒤로 벌린 자세를 취한다. 전 후로 벌린 경우에는 체중의 대부분은 앞발에 얹는다. 상체는 약간 앞으로 구부리고 손바닥을 위로 하여, 팔꿈치를 굽혀 팔을 앞으로 내민다.

② 접촉하는 순간과 감싸기 : 보올이 튀어나갈 우려가 가장 적은 부분이 바로 복부이다. 그러므로, 이런 이점을 살려 두팔과 복부로 또는 가슴에 품듯이 정확하게 잡도록 한다.

1 2 3 4

허리 및 배 높이의 보올 캐칭
(1) 몸을 보올 정면으로 가져가 두 팔꿈치를 가볍게 굽히고 손바닥을 위로 하여,
(2)~(3) 가슴으로 감싸 안는다.
(4) 보올이 튀어나가는 것을 양팔로 감싸 멈추어 막는다.

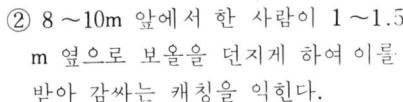

　보올이 닿는 순간, 손목을 안으로 당기고 팔꿈치를 구부리도록 한다. 보올이 가슴이나 복부에 닿는 동시에 팔과 손바닥으로 보올을 감싸 튀어 나가지 않도록 한다.

〔연 습〕
1. 단 독
　자기 손바닥 위에 보올을 얹고 가슴으로 안는 동작을 되풀이한다.
2. 2인 1조
① 5～6m 앞에서 한 사람이 던져 준 보올을 잡는다. 처음에는 그 자리에서 다음엔 앞으로 나가며 받는다.

② 8～10m 앞에서 한 사람이 1～1.5m 옆으로 보올을 던지게 하여 이를 받아 감싸는 캐칭을 익힌다.

4. 머리 위로 날아드는 보올
① 대기 자세: 두 발을 좌우 또는 전후로 벌리고, 상체를 일으켜 선다. 팔꿈치를 약간 굽히고 손바닥을 벌리고 팔을 앞 위쪽으로 내민다.
② 접촉하는 순간과 감싸기: 다음 보올을 감싸 안고 손목과 팔로 가슴에 끌어 안는다. 끌어안는 동작에는 곧 바로 안아들이는 것과 재빨리 안쪽으로 떨어뜨려 안아들이는 것의 두가지가 있다.

위에서 떨어지는 보올은 위로 손을 뻗어 잡아,

가슴으로 감싸 안는다.

펀칭
한쪽 주먹으로 쳐낸다.
혼전 때 위기를 모면하는 수단.

■ 펀 칭

고울키이퍼가 미처 보올을 잡을 만한 여유가 없을 경우 손으로 쳐내는 기술을 펀칭(punching) 또는 피스팅(fisting)이라고 한다.

상대방의 결정적인 헤딩의 우려가 있다든가 특히 크로스바아나 고울포우스트를 향해 아슬아슬하게 날아드는 보올을 잡기란 결코 쉽지않다. 차아지가 심할 경우 등에는 재빨리 용단을 내려 일단 보올을 쳐낸 다음 태세를 재정비하는 것이 최선의 방책이다.

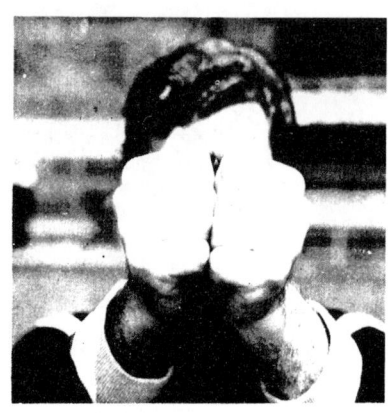

보올을 펀칭할 때 주먹 쥐는 법

고울 키이퍼

보올을 펀칭하는 부분은, 엄지손가락을 바깥으로 하여 주먹을 쥐고, 제 1 관절과 제 2 관절 사이의 평평한 부분으로 쳐낸다. 양손을 한데 모아 펀칭할 때는 이 부분을 옆으로 대어 평면을 이루고 쳐내야 한다. 펀칭은 한 손으로 할 때와 두 손을 한데 모아 쳐내는 경우가 있다.

〔연 습〕
1. 단 독
① 보올없이 동작만을 익힌다.
② 보올 펜듀럼 : 2m 정도의 높이로 보올을 매달고, 2~3보앞으로 전진하여 점프함과 동시에 앞쪽으로 펀칭한다.
③ 보올 펜듀럼 : 방향을 바꾸어 가며 펀칭한다. 상반신 전체를 펀칭할 방향을 향해 점프하여 때린다.

2. 2인 1조
① 상대방이 던져준 보올을 펀칭으로 되돌려 보낸다.
② 10~15m 떨어진 지점에서 코우치가 좌우의 고울 포우스트를 겨냥하여 보올을 던지면, 그 보올을 펀칭하여 미리 선정한 목표지점으로 되돌려 보낸다.
③ 상대를 한 사람 붙여 주고 두 사람 사이로 보올을 던져 펀칭을 방해하게 한다.

(1) 보올을 최후까지 주시한다.
(2) 주먹을 가슴에서 공중으로 내뻗고,
(3) 옆으로 엎어지면서 보올을 쳐낸다.

1　　　　2　　　　3

기본 기술

■ 데프렉팅

고울키이퍼는 보올을 정확히 잡음으로써 상대편에게 득점을 허용하는 일이 없도록 하고, 아울러 자기편의 보올로 만들어야 한다는 점을 항상 염두에 두어야 한다. 물론, 부득이한 경우에는 보올의 진로를 바꾸어 될 수 있는대로 멀리 쳐 보내야 한다.

이 두 가지는 고울키이퍼의 기본 임무이다. 그러나, 시합을 하다보면 보올을 잡을 수도 없고, 또, 쳐서 멀리 날려 보낼 수도 없는 경우가 생긴다. 이럴 때 손바닥이나 손가락을 사용하여 보올을 고울 밖으로 퉁겨내는 데프렉팅 (deflecting)을 사용하게 된다.

예를 들어, 보올이 크로스바아와 거의 같은 높이로 날아들 때, 뒤로 물러나면서 보올을 잡으면 그대로 고울 안으로 밀려 들어갈 우려가 있다. 또, 코오너 킥이나 센터링에서 옆으로부터 보올이 크로스바아를 스치듯 날아들 때도 있다.

옆에서 날아드는 보올을 손가락으로 쳐낸다.
코오너 킥이나 센터링이 옆에서 크로스바아에 가까이 스쳐올 때, 손가락으로 고울 뒤편으로 쳐넘긴다.

고울 키이퍼

이러한 보올을 캐칭 또는 펀칭하기 어려운 상황에 처했을 때는, 몸을 뒤로 제치면서 손바닥으로 보올을 퉁겨 고울 뒤쪽으로 내 보낸다든가 해야 한다. 그 결과 코오너 킥을 상대편에 부여한다해도 고울 앞에서의 위험을 피하는 편이 득책이다.

이 데프렉팅 (터치 아웃이 되는)은 다른 수단이 없을 때 즉 최후의 수단으로만 사용해야 한다.

데프렉팅의 포인트는 점프하여 되도록 보올에 가까이 하여 손바닥을 충분히 펴서 보올에 확실하게 대고, 위로 밀어 올리듯이 크로스바아를 넘기도록 한다.

보올을 뒤로 쳐낼 때 손을 사용하는 방법

정면에서 날아드는 보올을 손바닥으로 쳐 넘긴다.
크로스 바아에 닿을듯한 높은 보올이 날아들 때, 뒤로 물러서면서 캐칭하면 몸이 고울 안으로 너무 들어가 위험이 있다. 이런 때는, 사진과 같이 상반신을 뒤로 젖히면서 손바닥으로 보올을 퉁겨 고울 뒤로 쳐낸다.

기본 기술

■ 다이빙

고울키이퍼의 다이빙(diving)은 매우 어려운 동작이나 반드시 익혀 두어야 한다. 갑자기 날아드는 보올에 대하여 그 위치까지 손이나 발을 이용할 수 없을만큼 급박한 상황에 사용된다.

상대방의 슛 코오스를 예측하여, 미리 보올이 날아올 코오스에 몸을 향하고 보올을 잡는 것이 바람직하지만, 미리 보올이 날아들 코오스에 설수 없을 때 또는 달려서 이동할 여유가 없을 때는 옆으로 다이빙 포옴으로 보올에 뛰어 들어 멈추는 방법을 취해야 한다.

보올을 멈춘 다음에는 반드시 보올을 가슴에 품어안아 안전을 꾀하도록 해야 한다.

보올을 멈추게 하거나 잡기 위한 다이빙 외에 펀칭을 행하기 위해 다이빙을 하는 경우도 있다.

고울 키이퍼

세이빙
(1) 보올이 날아오는 방향으로 다리에 체중을 싣고,
(2) 몸의 정면을 향하여 세이빙하고, 양손을 뻗는다.
(3) 세이빙의 정점에서 보올을 확실하게 잡는다.
(4) 땅에 떨어질 때 보올을 가슴으로 끌어당긴다.
(5) 땅에 닿을 때에는 다리를 구부려 떨어질 때의 쇼크를 방지하고,
(6) 떨어진 후 똑바로 몸을 덮어 보올을 보호한다.

엎어지면서 몸으로 보올을 지킨다.

옆으로 날아 보올을 누른다. 손바닥 사용법을 주의해 보도록

기본 기술

■ 캐치 보올의 처리

고울키이퍼는 최초의 공격선수이다. 일단 보올을 잡으면 상대편에게 빼앗기지 않도록 안전 제일주의를 취해야 한다. 그런 다음 정확하게 자기 편에 넘겨 주어야 한다.

축구의 경기규칙에는 고울키이퍼는 보올을 잡으면 4걸음 이내에 차거나 던지도록 되어 있다. 그러므로, 보올을 잡은 다음 재빨리 처리해야 한다. 고울키이퍼가 자기편에 패스하는 방법에는 확실성있는 손으로 던지는 것과 멀리 보내기 위한 발로 차는법이 있다.

1. 손으로 던진다 (throwing)

보올을 잡으면 재빨리 자기편 선수에게 넘겨 주되, 동작은 민첩하고 짧아야 한다.

그러기 위해서는 손가락을 자연스럽게 펴고, 보올을 손바닥으로 잡아 한 손으로 던진다. 보올을 던질 때는 완전히 무방비 상태이므로 세심한 주의와 경계를 필요로 한다. 특히 던지려고 보올을 뒤로 가져 갔을 때 고울 라인을 넘어서 있어서는 안된다. 이 경우 고울인으로 인정되기 때문이다.

손으로 던지는 방법에는 손바닥을

위로하여 던지는 언더 드로우와 손바닥을 아래로 하여 던지는 오우버 드로우가 있다.

2. 발로 찬다 (clearing)

고울키이퍼가 보올을 캐치한 다음, 고울에서 보올을 되도록 멀리 보내기 위해서는 핸드 킥(보올을 떨어뜨리고 땅에 닿기 전에 발등으로 찬다), 또는 드롭 킥(보올이 땅에 떨어졌다가 튀어 오르는 순간에 발등으로 찬다)을 사용한다.

이상 두 가지 킥을 크리어링(Clearing)이라 하는데, 이것은 다만 위험을 피하기 위해 사용될뿐 아니라, 역습을 위해 최전선에 있는 자기편 공격진에 패스하는 목적으로 사용하는 것이 바람직하다.

A- 위에서 멀리 던진다.

B- 아래로 굴려 가까운 자기편에 보낸다.

제4장 기본 전술

보올을 둘러싼 경쟁

■ 3종류의 전술

 축구의 기본 기술은 보올을 자유로이 다루는 것이다. 일류 선수를 지향하는 첫걸음은 보올에 익숙해지는 것이다. 그러나, 보올에 익숙해지는 것으로만 축구를 잘 할 수 있는 것은 아니다. 본격적인 축구를 하려면 자기와 보올 외에 상대방이 있게 마련이다. 즉, 축구는 보올을 둘러싼 자기와 상대방의 경쟁인 것이다.
 따라서, 시합을 하려면 보올을 다루는 기술(테크닉)뿐 아니라, 상대방을 이길 수 있는 책략·진퇴등이 따르는 전술이 필요하다.
 이러한 진퇴의 시작은 맨 투우 맨, 1:1의 대결에서 비롯된다. 누구든 1:1의 대결에서 상대방을 이길 수 있어야 한다. 다음은 가까이 있는 자기 편과 연락을 취하면서 상대방의 보올을 서로 뺏으려 한다. 일단 상대방의 마아크에서 벗어난 뒤라야만 패스를 하거나 슛을 할 수가 있다. 이상과 같은 과정은 그루우프와 그루우프의 경쟁이다.
 정식 시합은, 그루우프끼리의 경쟁이 연합되어, 11인대 11인이 1개의 보올을 둘러싸고 경쟁한다. 이것은 티임끼리의 경쟁이다.
 책략이나 진퇴를 전술이라 말할 수

기본 전술

있다. 그러므로, 축구의 전술은 다음 세 종류가 있다.
① 개인의 전술
② 그루우프의 전술
③ 티임의 전술

그루우프의 전술에는 티임의 전술을 구성하기 위한 기본이 포함되어 있다. 또, 개인 전술은 그루우프로, 혹은 티임과 연락을 취하기 위한 한 사람 한 사람의 기본적인 지식이다. 즉, 축구에 대한 상식이라는 것이 포함되어 있다.

다시 말하면, 「세 가지 전술」은 상호 깊은 유대 관계를 이루고 있는 것이다. 그런데, 기술과 전술 중 어느 것이 우선하느냐를 구태어 규정한다면 그것은 기술이 앞서야 한다. 기술 없이는 전술이 성립될 수 없기 때문이다.

■ 전술의 2대 포인트

보올을 잡았을 때, 드리블을 하느냐 자기편에 패스하느냐의 판단도 하나의 전술인 것이다. 그러나, 축구선수 모두가 기본이 되는 전술을 착실히 이해하고 그대로 실전에서 구사하고 있지는 못하다. 그러므로, 일류 선수로 대성하려면, 기본 기술과 마찬가지로 전술의 기본을 바로 이해하고 익혀야 한다. 기본 전술의 중요한 포인트는 다음 두 가지 점이다.

1. 전원공격, 전원수비

시합에서는 자기편이 보올을 갖고 있을 때(공격)와 상대편이 보올을 갖고 있을 때(수비)의 두 경우밖에 없다. 상대편이 보올을 갖고 있을 때는 전원이 수비에 참가하며, 자기편이 보올을 갖고 있으면 전원이 공격의 일익을 담당한다. 물론, 포오워드나 또는 백이 담당해야 할 포지션에 따른 플레이가 있으나, 포오워드도 수비에 가담해야 하며, 백도 보올을 뺏은 순간부터 공격을 개시해야 한다. 그러므로, 기본 전술은 공수의 구별없이 전원이 배워 알아두어야 한다.

2. 최후의 목적을 잊지말 것

시합의 목적은 상대편 고울에 보올을 넣고, 자기편 고울에 보올이 들어오지않게 하는데 있다. 상대편 백을 멋지게 뚫고 나가 슛하기 좋은 위치에 있는 자기편에 패스하면 곧 득점과 연결될 수 있는 것을 공연히 자기가 오래 갖고 있어 실패하는 경우가 있다. 우군이 보올을 교묘하게 계속 패스하여 압도적으로 우세하게 몰고 갔다 해도 문전에서 상대방 수비의 벽을 돌파하지 못하면 아무 의미가 없다. 전술이란, 득점하며 실점을 막는다는 목적을 잊어서는 안된다.

개인 전술

보올을 사이에 두고 상대방과 맞붙었을 때, 그 두 선수는 각자의 티임에서 가장 중요한 존재가 된다. 특히 이 경우의 각 선수는 상대 티임을 공략하는데 있어서는 큰 원동력이 된다.

개인 전술

■ 개인 전술의 기본

개인 전술을 하나하나 예를 들어 설명하려면 수 없이 많다. 그 중에서도 가장 기본적인 것에 대하여 알아보자.

1. 먼저 보고 자기가 취할 행동을 정한다.

상황 판단이란 결코 어려운 것이 아니다. 항상 적과 우군의 움직임을 보고 사전에 자기가 다음에 해야 할 것을 생각해 두는 것이 중요하다. 패스를 받은 순간에는 다음에 패스해 줄 우군이 어디에 있는가를 알고 있어야 한다. 트래핑을 할 경우에도 상대방의 위치를 모르면, 어느 부분에서 트래핑해야 좋은지 판단하기 어렵다. 또한, 보올을 잡은 다음 어디로 패스할까 주위를 이리저리 살펴 보는 것은 현대 축구에서는 모처럼의 차안스를 놓치게 한다. 「먼저 보고 먼저 생각하라」(Look before.／Think before.／) 는 것은 패스를 받을 때 뿐 아니라 시합중 항상 중요하다.

물론, 시합중에는 보올의 행방을 잠시라도 놓쳐서는 안된다. 보올이 있는 장소에 따라 자기의 위치를 정해야 하기 때문이다. 고울 킥일 때 보올에 등을 향한 자세 따위는 있을 수 없다.

또한, 상대방이 보올을 갖고 있을때는, 자기가 마아크하지 않으면 안될 상대가 시합중 어디에 있는가를 놓쳐서는 안된다. 보올과 마아크 상대는 언제나 시야속에 들어 있어야 한다. 그러나, 수비때는 마아크 상대는 무시해 버리고 수비에 들어가도록 한다. 만약 마아크 상대에게 보올이 넘어올 때는 곧 뺏어낼 준비 자세가 필요하다.

패스는 정확하게

기본 전술

2. 보올을 기다리지 말 것

패스를 받을 때에는 반드시 보올 쪽을 향하여 마주 나가면서 보올을 받는다. 그렇지 않으면 상대방이 대시해 오면서 보올을 가로챌 것이다. 즉,「보올을 기다리지 말라」(Don't wait the ball)이다. 그러므로, 보올이 자기 앞으로 올 때까지 기다릴 것이 아니라 직접 보올이 있는 쪽으로 다가가도록 한다.

3. 신속한 콘트롤

보올을 받으면 되도록 빨리 잡아서 다음 동작 태세를 갖춘다. 이렇게 하기 위해서는 절대 보올을 땅에 바운드시켜서는 안된다. 바운드시키는 도중에 상대방이 달라붙을 것이다. 「보올을 빨리 콘트롤하라」(Quick ball controll)와 「보올을 바운드시키지 말라」는 말을 잊어선 안된다.

특별한 경우 외에는 보올을 받으면, 즉시 상대편 고울 쪽을 향한다. 보올을 스톱시킬 때 부터 상대편 고울 쪽으로 태세를 취하도록 힘써서 적과 아군의 움직임이 잘 보이도록 자세를 바로 잡는다.

4. 플레이가 끝나면 즉시 움직인다.

패스가 끝나면 (한 가지 플레이가 끝나면) 다음 장소로 재빨리 움직이는 것이 중요하다. 그렇게 함으로써, 자기가 마아크에서 벗어난 후 다시 패스를 받을 수가 있다.

실전 중에는 항상 자기를 마아크하는 상대편 선수가 있게 마련이다. 따라서, 패스를 받기 전에 자기를 마아크하고 있는 상대에게서 벗어나, 조금이라도 자유로와질 필요가 있다. 그러려면 패스를 받기 전에 반드시 상대방의 의표를 찌르고 페인트를 써서 상대방을 떼어 놓고 빈 장소로 달린다.

1대 1에서 승리해야 한다

■ 승부를 결정하는 것

「한 시합중에 적군과 아군이 1대 1로 대결하는 장면이 100회정도 있다고 하면, 그 중 51회를 이긴 편이 그 시합에 승리한다」고 말한다.

이것은, 축구경기의 승부를 결정하는것은 시스템(system)이나 포오메이션(formation) 보다 그 기본이 되는 단순한 1대 1 대결에서의 승리에 있다는 것을 의미한다.

현대 축구에서는 맨 투우 맨의 마아크가 매우 엄하다. 더구나, 수비에 치중하는 경향이 크므로 상대편의 공격중심 선수를 두 사람이 마아크하거나 (더블 스토퍼라고 함) 또는 풀백 뒤에 다시 한 사람의 예비 풀백을 두는 (스위퍼라고 함) 등 고울 앞에서 공격하는 선수보다 수비하는 선수의 수가 더 많은 것이 유행되고 있다.

이렇게 엄격하고 두터운 수비의 벽을 뚫으려면 우군간의 패스만으로는 불가능하다. 어디서든 선수 중 누군가가 맨 투우 맨 대결에서 상대방을 제쳐놓고 수비의 균형을 무너뜨리는 돌파구를 만들어야 한다.

1대 1의 대결에서 승리하는 것은

1대 1에서 승리해야 한다

상대와 보올 사이에 자기의 몸을 집어 넣고,

상대는 보올을 끝까지 좇지 않으면 안 된다.

모든 전술의 전제 조건이다.

■ 상대방의 의도를 알아차린다.

맨 투우 맨에서 이기기 위한 조건은 이미 기본 기술의 각 항목에서 낱낱이 설명해 두었다.

① 드리블 항목에서는 「자기의 몸을 상대방과 보올 사이에 비벼 넣을 것」을 설명했다. 이것은 개인의 전술로서 중요한 것이다.

② 상대방의 보올을 뺏는 항목에서는 쇼울더 차아지(어깨로 어깨를 미는 것)를 설명하였다.

③ 페인트의 항목에서 언급된 것은 전부 1대 1에서 승리하기 위한 테크닉이다.

이상 세 가지 외에도, 1대 1에서 이기기 위한 요건이 몇 가지 있다. 이것은 결국, 상대방의 역량과 의도를 간파하여 그 역을 찌르는 것이다.

1. 스피이드로 제친다.

발이 빠르다는 것은 축구에서 가장 유리한 조건이다. 축구 선수가 100 m를 12초로 달리면 빠르다고 한다. 그러나, 그토록 빠르지 못해도 보올 콘트롤이 훌륭하고, 타이밍 잡는 법을 잘 익히면 주력의 결점을 커버할 수가 있다.

(1) 타이밍 : 타이밍을 잘 잡는 일은 매우 중요하며, 승부를 결정지을 수도 있다. 예컨대, 상대방이 다가올 때 갑자기 뒤쪽으로 굴렸다가 제치고 나간다든가 또는, 상대방과 나란히 뛸 때 급작스레 스피이드를 줄이거나 상대방이 멈칫하는 순간 스피이드를 내면 상대보다 발은 느리나 얼

기본 전술

마든지 상대방을 따돌릴 수가 있다.
(2) 페인트 : 타이밍을 만들기 위해 상대방을 꾀어 내는 속임수 즉, 페인트를 쓴다. 옆으로 도망가거나 뒤로 밀어내는 척하면서 보올을 앞으로 빼낸다.
(3) 대시 : 상대방을 제치기 위한 스피이드는 100m의 주파 속도보다는 처음 10m의 주파속도가 중요하다. 즉 기회를 잘 보아 순간적으로 대시(dash)할 줄 알아야 한다.

2. 심리적 우위

공격하는 쪽이나 수비하는 쪽이나 항상 마아크하고 있는 상대와 심리적으로 겨루고 있다. 예를 들어, 100m를 11초에 뛰는 선수라면 상대방은 일단 위축이 되어 경계하며 후퇴하면서 수비를 하기 때문에 보올을 쉽게 다룰 수 있는 이점이 있다.

또한, 시합 초에 대시해서 보올을 차지하려는 동작을 반복하게 되면 상대방은「이 선수는 발이 빠르구나.ノ」하고 경계하여 섣불리 접근해 오지 않을 것이다.

3. 기백으로 이긴다.

1 대 1에서는 씨름이나 권투 경기의 대결과 같은 개인 경기와 흡사한 점이 있다.「절대로 지지 않는다」는 정신력이나 자신감은 웬만한 기술이나 스피이드의 차를 극복할 수 있다. 이것은, 이 쪽의 기백에 눌린 상대방은 기술이나 스피이드를 제대로 발휘할 수가 없게 된다. 그러므로, 항상 과감하게 상대방을 제쳐 놓거나 보올을 빼

앗을 태세를 적극적으로 보여야 한다.

4. 뚫으면 패스한다.

한 사람을 뚫으면 누구에게나 패스하는 것이 원칙이다. 다음에 상대방이 없을 경우에는 드리블을 계속하게 되지만, 첫 번째 돌파가 성공했다고 해서 지나친 자신감을 가지고 계속 두번째, 세 번째의 상대방을 뚫고 나가려고 무리를 하면 안된다. 한 사람을 제치게 되면 상대방이 들어오기 전에 정확히 패스하여 공격의 전환점을 확보하여 수비진을 무너뜨리는 것이 좋다.

자기편에 보낸다

■ 그루우프 전술

축구의 진수(眞髓)는 두 사람 이상이 협동하여 시합을 전개해 나가는데 있다. 보올과 상대방만으로는 게임이 될 수 없다. 자기편이 있어야 비로소 시합을 할 수 있다. 자기편끼리 협동하는 방법이 그루우프의 전술이며, 티임의 전술이다.

그루우프 전술의 목적은 수적 우위 즉, 자기편 인원수가 적군의 인원수보다 더 많은 장면을 만들어 내는 데 있다. 물론, 피일드 전체를 놓고 보면 양 티임 모두 11명씩으로 구성되어 있으나, 보올이 있는 지점에 양 티임의 선수들이 몰려들었을 때, 아군의 수가 한명이라도 더 많다면 확실히 경기를 유리하게 이끌어 나갈 수가 있다.

공격할 때는, 마아크되고 있지 않은 아군에게 보올을 계속해서 넘겨주면서

최후에는 고울을 겨냥해야 한다.
 수비를 할 경우에도 그루우프의 전술은 매우 큰 역할을 한다. 예를 들면 두 선수가 옆으로 나란히 서 있을 때, 그 사이로 보올이 빠져 나가면 수비는 허물어지고 만다. 그러나, 한 선수는 앞에 있고, 또 한 선수는 뒤에 처져 있다면 앞의 선수가 놓친 보올을 뒤에서 차단할 수도 있다.
 수비의 전술은 후술하기로 하고, 여기서는 우선 공격할 때의 그루우프의 전술 즉 패스부터 설명한다.

■ 패스를 받는 움직임 ― 공간으로 달린다.

 패스를 받을 때는 마아크를 벗어난 공간 즉, 오우픈 스페이스(Open space)로 달려 가야 한다. 오우픈 스페이스란 적군도 아군도 없는 곳으로서, 보올을 가지고 있는 아군 선수로부터 패스의 코오스가 되는 장소라는 뜻이다.
 다음 그림에서 A가 보올을 가지고 있을 때, 상대편 a의 그늘이 되어 있는 빗금 부분으로 패스를 하면 안 된

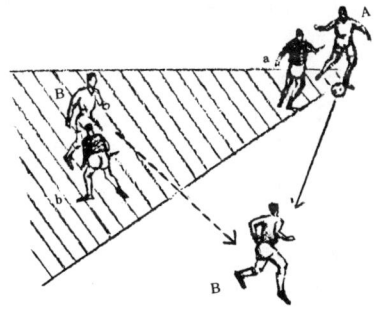

공간으로 달려가 패스를 받는다.

다. 따라서, B는 B′ 즉, 오우픈 스페이스로 움직여 패스를 받아야 한다.

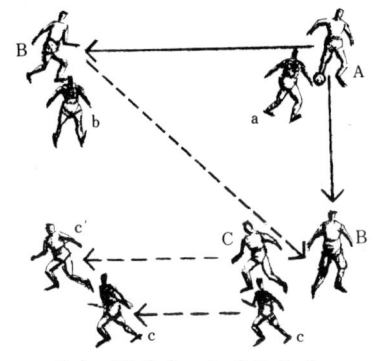

C가 이동하여 c를 유도해 내고, B가 공간으로 달려간다.

 또, 비어있는 장소 (오우픈 스페이스)는 언제나 자기로부터 가까운 곳에 알맞게 있을 수는 없다. 그러므로, 아군의 또 한 선수가 마아크하고 있는 상대방을 요령껏 꾀어 냄으로써, 오우픈 스페이스를 만드는 전술도 필요하다.
 설사, 오우픈 스페이스가 있더라도 그곳으로 뛰어들지 않는 편이 좋은 경우도 있다. 예컨대, 왼쪽에 스피이드가 좋은 선수가 도사리고 있을 경우, 왼쪽 코오너 부근의 오우픈 스페이스에 뛰어 들면 적군을 자기편 진로에 끌어들이는 결과가 된다.

■ 패스를 보낼 때 ― 신호를 보내지 말 것

 「신호를 보내지 말라」함은, 패스를 보낼 때는 상대편이 알아차리지 못하도록 은폐 작전을 펴야 한다는 뜻이

143

기본 전술

다. 가령 「이제부터 패스한다. 왼쪽 아무개 받아라.」하는 식으로 상대편도 알아듣도록 하는 따위의 동작을 하면 곤란하다.

이밖에도 패스를 보낼 때 주의해야 할 점이 몇 가지 있다. 요컨대, 「재빨리」「정확하게」「받기 좋은 보올」을 자기편에게 보내는 것이다.

1. 패스 전에 페인트를 쓴다

패스 도중에 가로채이지 않으려면 이쪽의 의도가 드러나지 않도록 패스를 보내기 전에 페인트를 걸어 상대방의 의표를 찔러야 한다.

2. 여유를 놓치기 전에 패스한다

아군 선수가 패스를 받으려고 이미 오우픈 스페이스로 뛰어들고 있는데, 보올을 계속 가지고 있다가 상대방이 덤벼들 때 비로소 어쩔 수 없이 패스를 보내는 것이 가장 좋지 않은 방법이다. 그 때에는 이미 패스를 받을 자기 티임 선수도 적군의 마아크를 당하고 있을 것이다. 보올을 오랫동안 가지고 있으면, 차안스를 만들기보다는 오히려 아군의 리듬을 깨뜨리고 차안스를 잃어버리는 경우가 많다.

상대방이 보올을 뺏으려고 다가올 때는 먼저 선수를 치는 것이 옳은 방법이다. 즉, 상대방이 앞으로 대시해 오려고 할 때 재빨리 옆의 아군에게 패스하고 앞으로 뛰어 나가면, 상대방의 움직임에 허를 찌를 수 있을뿐만 아니라, 상대방이 나온 그 자리를 오우픈 스페이스로 이용할 수 있는 일석이조의 효과가 생긴다.

그러나, 이처럼 여유가 있을 때 패스를 하는 플레이는 상대방이 앞으로 나오도록 페인트로 꾀어 내는 동시에 패스를 받아 줄 아군과의 콤비네이션 플레이가 이루어지지 않는 한 어렵다.

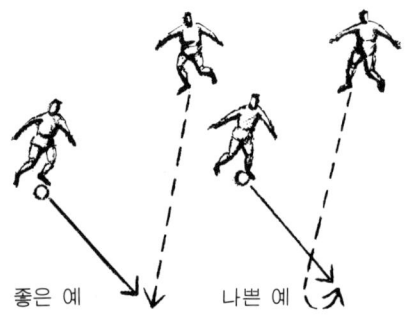

좋은 예   나쁜 예

3. 아군이 나가는 방향으로 보낸다.

패스를 받는 아군 선수가 쉽게 받을 수 있도록 패스해야 한다. 그 선수가 방향을 바꾸지 않아도 받을 수 있도록 진행 방향의 앞쪽으로 보올을 보내 주도록 한다.

■ 패스하곤 달린다(패스 앤드 고우)

패스를 보내면, 그 발을 첫걸음으로 하여 다시하고 다음 패스를 받을 동작

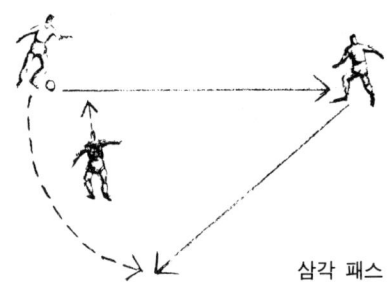

삼각 패스

으로 들어가야 한다.

뛰는 방향은 결코 앞쪽만은 아니다. 경우에 따라서는 옆으로 혹은 뒤로 달리면서 패스를 받는 수도 있다.

패스를 한 다음 다시 받기 위해 뛰어 갔으나, 보올이 자기한테로 되돌아 오지 않더라도 헛수고는 아니다. 이쪽의 움직임에 따라 상대편 수비측이 이끌리기 때문에, 그만큼 자기편 다른 선수에 대한 패스가 수월해진다.

■ 패스 연습은 실전에 맞게

실전에서는 그대로 멈춘 채 보올을 주고 받는 경우가 거의 없다. 패스에는 반드시 움직이는 동작이 따른다.

보올의 방향도 앞에서 뿐아니라, 옆에서 비스듬히 또는 뒤에서등 여러방향에서 오게 마련이다. 그러므로, 패스의 연습은 항상 실전에 맞게 기복있는 변화를 섞어서 해야한다. 예컨대, 패스를 보낸 그 발로 시작하여 4~5 걸음 목적 위치까지 향해 대시한 다음, 다시 패스가 되돌아 오면 천천히 스피이드를 늦추어 가며 보올을 받아 정확한 패스를 보낸 다음 다시 대시한다. 이상과 같은 패스→대시→패스의 리듬이 습관화 되도록 하기 위해서는 많은 연습을 해야 한다.

왜냐하면, 실전에서는 단순한 패스 하나라도 무한한 변화를 간직하고 있는 것이므로, 상대방의 거동이나 배치 상황, 아군 선수의 움직임에 따라 보올을 갖고 있는 선수도 임기응변의 변화가 따라야 한다.

1. 발 밑으로 패스해 주면서 나간다.

선수들이 가지런히 뛰면서, 보올을 앞으로 비스듬히 뛰고 있는 선수의 앞쪽 발 밑으로 정확히 보낸다. 이어 그 발을 첫걸음으로 하여 대시하고 다시 패스를 받는다. 이런 패스를 지그재그 패스(zigzag pass)라고도 한다.

지그재그 패스

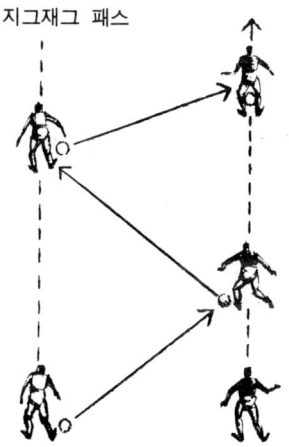

2. 종·횡 패스

보올을 옆으로 패스하고, 비스듬히 앞으로 뛰고, 보올을 받은 선수는 그 보올을 스톱시키지 않은 채 계속 세로로 패스하고 앞으로 비스듬히 뛰어 간다. 되돌아 올 때는 세로로 패스한 사람과 옆으로 패스한 사람을 교체한다.

3. 직진 패스

앞으로 뛰어든 우군 선수에게 종으로 패스를 보내고 앞으로 비스듬히 대시한다. 5~6m 지점에서 방향을 바꾸어 보올을 갖고 있는 선수 앞으로

기본 전술

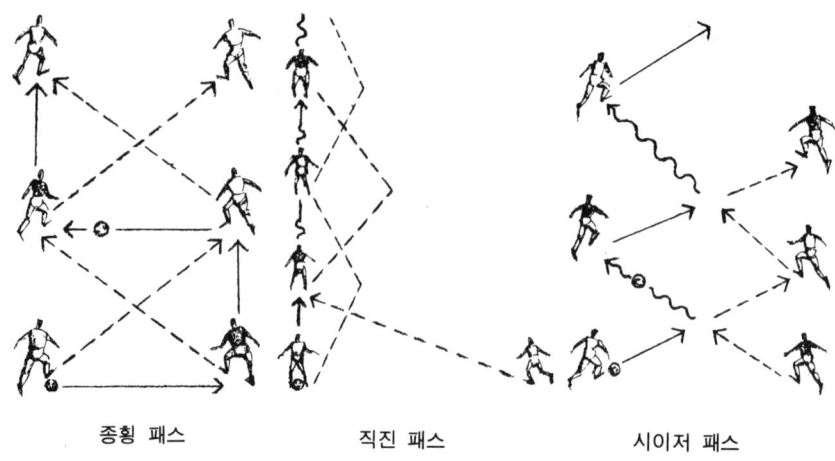

종횡 패스　　　　　직진 패스　　　　　시이저 패스

뛰어들면서 패스를 받는다.
　대시하여 방향을 바꾸는 것이 상대방을 피하는 동작의 연습이 된다. 이런식의 패스를 스트레이트 패싱이라고 한다.(straight passing)

4. 시이저 패스
　시이저 패스(scissors pass)는 마치 가위 모양으로 움직이는 패스로 실전에서 많이 사용되는 패스이다. 비스듬히 앞으로 보낸 패스를 리시이버가 가로질러서 받아 드리블한다.

패스를 받기 전에 상대방의 위치를 본다.

전개한다

■ 패스의 콤비네이션

패스의 콤비네이션으로 자기편끼리 (티임) 보올을 키이프하여 공격이 짜여진다.

공격의 우위를 확보하는데는 패스를 보낼만한 코오스가 많으면 많을수록 상대편을 당황하게 만든다. 즉, 패스의 코오스를 많이 만들수록 유리하다. 패스의 코오스를 만들 때는 상대방의 그늘 속으로 들어가지 말고, 오우픈 스페이스로 뛰어들어야 하며, 또, 우군끼리 한 지점에 겹쳐 있지 않는 것이 중요하다. 그림 ①처럼 우군끼리 겹쳐 있으면 패스의 코오스가 하나밖에 없으나, 그림 ②와 같이 분산되어 있으면 어느 쪽으로든 패스할 수 있게 된다.

또한, 흩어져 있으면 상대편의 수비도 역시 분산되기 때문에 한 사람이 상대편 한 선수를 제칠 수 있어 결정적인 유리한 장면을 만들 수가 있다.

우군끼리 겹쳐 있으면 패스하기가 곤란하다.

둔각으로 벌린다.

■ 삼각 패스 — 첫번째 패스가 중요하다.

패스 결합의 기본은 삼각 패스로, 이른바, 트라이앵글 패스(triangle pass)이다. 그림과 같이 두 사람을 결합시켜, 마아크하고 있는 상대방을 곁돌게 하는 것이다. 이 삼각 패스와 그 변형만으로도 거의 모든 공격형이 만들어진다.

삼각 패스를 할 때 중요한 것은 「첫번째 패스가 나쁘면 두번째 패스도 나쁘다」는 점이다.

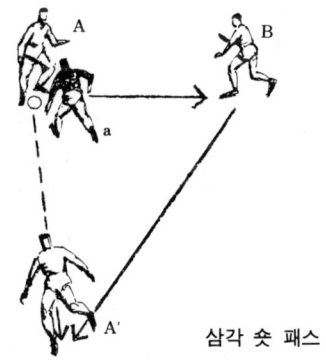

삼각 숏 패스

나쁜 패스를 보내고 좋은 패스가 오지 않는다고 불평하는 것은 잘못이다.

기본 전술

자기가 좋지 않은 패스를 보냈기 때문에 받을 때도 역시 좋지 않은 패스를 받게 되는 것이다. 그러나, 좋은 패스를 보내면 역시 좋게 되돌아 오게 마련이다.

■ 둔각을 벌린다 — 전개의 기본

전개의 기본은, 보올을 갖고 있는 선수의 양쪽에 패스를 받을 우군이 넓게 흩어져야 하는 것이다. 이 경우, A-B와 A-C의 각도는 둔각(90도 이상)으로 벌리고 있어야 한다.

아래 그림과 같이 예각을 이루고 있으면, 수비하고 있는 상대방을 분산시킬 수가 없다. B와 C는 A를 마아크하고 있는 상대방에게 패스의 코오스가 가리워져 있는 상태가 되고 있다.

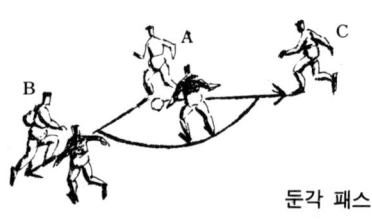

둔각 패스

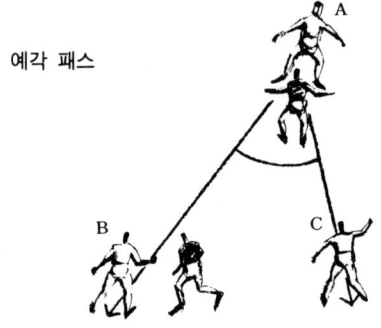

예각 패스

■ 짧게 그리고 길게

패스로 공격을 하려면, 「숏 패스(short pass)를 2~3번 주고 받으면 롱 패스(long pass)를 보내라」는 원칙이 있다.

① 숏 패스를 연결해서 상대편 수비를 유인한 다음 다른 빈 곳으로 보낸다.
② 패스가 단조롭게 되는 것을 방지한다. 같은 템포의 패스를 여러 번 되풀이하면, 상대편이 다음 플레이를 알아 차리게 되므로 좋지 않다.

옆으로 숏 패스를 연결하다가 세로 길게 패스한다. 또는, 그라운드 오른쪽에서 숏 패스를 하다가 반대로 롱 패스를 왼쪽 사이드로 보내는 방법 등을 익혀두면 좋다.

패스의 연결 방식에는 각 팀에 따라 저마다 특징이 있다. 우선, 선수들의 기술과 체력에 따라 다르며 성격이나 습관에 따라 다르다.

발재간이 뛰어난 남아메리카의 팀들은 드리블 사이를 짧은 패스로 이어가는 경우가 많으며, 체격이 우세한 영국·축구에서는 보올을 높이 띄워 공중 패스로 상대 팀을 공략하는 특징이 있다. 그런가 하면, 서독을 비롯한 유럽의 경우에는 숏 패스로 정확하게 연결하는 것이 주된 흐름이다.

이토록 팀에 따라 스타일의 차이는 있으나, 어디까지나 숏 패스와 롱 패스를 결합시킬 필요가 있으며, 이렇게 함으로써 공격의 리듬을 변화시킬 수 있는 것이다.

수비의 전술

얼굴을 들어 주위를 살핀다.

수비의 전술

■ 술래잡기의 술래가 된다(마아크)

공격과 수비의 관계는 마치 어린이들의 술래잡기와 흡사하다. 우군이 보올을 갖고 있을 때 즉, 공격일 때는 상대방에서 되도록 떨어져 자유롭게 움직이려고 한다.

상대편에게 보올을 빼앗겼을 때 즉 자기 티임이 수비로 전환하였을 때는 자기가 술래가 되었을 때와 같이 이번에는 상대를 잡는 차례이다.

오늘날의 축구에서는 거의 모든 경우에 저마다 마아크해야 할 상대가 정해져 있다. 공격할 때는 그 상대를 피해야 하고, 수비를 할 때는 그 상대를 쫓아가 마아크하지 않으면 안된다. 그러므로 상대가 보올을 가지고 있을 때, 그것을 직접 뺏으려고 하는 것은 당연한 일이지만, 설사 상대가 보올을 가지고 있지 않더라도 공격때와는 반대로 상대방을 자유로이 놓아 두지 말고 항상 마아크를 해야 한다.

■ 마아크의 3원칙

수비의 경우 마아크 포지션을 취하는 법은 다음 세 가지 원칙에 의해 결정된다.

① 자기가 마아크하고 있는 상대와 고울의 중심을 연결하는 직선상에 위치를 잡는다.
② 자기가 마아크하고 있는 상대와 보올을 동시에 시야에 넣을 수 있는 곳에 자리 잡도록 한다.
③ 자기가 마아크하고 있는 상대에게 보올이 넘어갔을 때, 뺏으려 갈 수 있는 거리에 자리 잡는다.

기본 전술

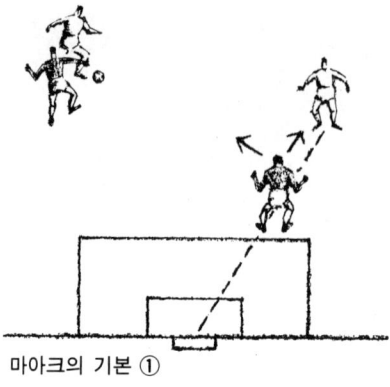

마아크의 기본 ①

그림 ①과 같이 보올이 자기의 위치에서 멀리 떨어진 쪽 즉 반대쪽 사이드에 있을 때는 보올과 상대를 동시에 볼 수 있도록 고울 쪽으로 와 있지 않으면 안된다. 보올과 자기가 마아크하고 있는 상대 사이에는 상당한 거리가 있으므로, 상대에게서 떨어져 있어도 패스가 되는 동안 거리를 좁힐 수 있다.

마아크의 기본 ②

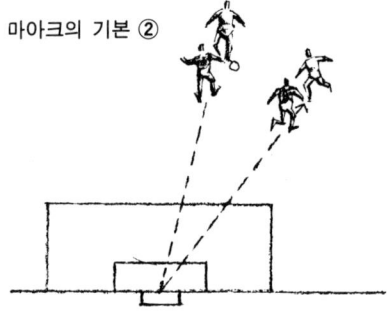

그림 ②와 같이 가까이에 보올이 있을 때는, 상대방에게 바짝 접근하여 마아크해야 한다. 그렇게 하지 않으면 ③의 원칙에 따라 상대에게 보올이 패스되었을 때 뺏어낼 수가 없다.

또, 보올이 가까이 있을 때는, 상대에게 접근해도 상대와 보올을 동시에 시야 속에 둘 수가 있다.

어느 경우이든 상대와 고울을 연결하는 선상에 위치하는 것에는 변함이 없다.

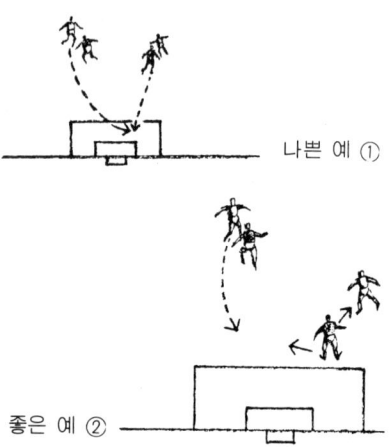

나쁜 예 ①

좋은 예 ②

만약, 보올이 멀리 있는데도 상대에게 너무 접근하여 마아크하고 있으면 위 그림-①과 같은 나쁜 예와 같이, 자기의 배후에 빈 장소가 생겨, 적군이 뛰어들기 쉽게 된다. 또한, 반대쪽 사이드에서 아군이 뚫렸을 때, 이를 커버하기 위해 돌아설 수가 없다.

반대로, 보올이 가까이 있는데도, 상대와 떨어져 있으면, 패스를 보내왔을때 뺏으러 갈 수 없을 뿐더러 상대를 자유로이 움직이게 한다.

이 3원칙은 수비의 위치를 잡는 경우의 기본적인 방법이다.

상대와의 거리를 몇 m 정도로 잡으면 좋은가는 한 마디로 단정할 수 없다. 자기와 상대방이 보올을 다루는 기술이나 스피이드에 따라 각기 달라지기 때문이다.

또, 작전에 따라 특별한 마아크 방법을 하는 수도 있다. 예컨대, 상대 티임에서 특히 뛰어난 선수에게 1명을 전속으로 붙여 항상 그 선수가 어디로 이동하거나 악착같이 따라붙게 하는 경우가 있다.

또, 특정한 마아크 상대를 갖지 않은 스위퍼(sweeper : 예비 백)를 둘 경우는 다른 백들이 각각 상대에게 접근해서 마아크하는 것이 플레이의 기본이다.

그러나, 이러한 경우에도 상대에게 비교적 접근해야 하며, 기본적인 염두 사항은 마아크의 3원칙이 지켜져야 한다.

■ 합세하여 수비한다

수비의 목적은 득점을 허용하지 않는데 있다. 그러므로, 절대 소극적이어서는 안되며, 적극적으로 상대편 보올을 뺏으러 가는 것을 목적으로 해야 한다. 그렇다고 무턱대고 달려들어 보올을 뺏는 것은 아니다. 우선 보올을 뺏으러 가는 타이밍이 맞아야 하는데 이에는 다음 세 가지가 있다.

① 패스 도중에서 뺏는다(인터셉트)
② 패스를 보내는 순간을 노려 태클한다.
③ 1 : 1 대결에서 알맞은 간격을 좁히면서 태클의 차안스를 노린다.

이상과 같은 수비는 한 사람의 기술만으로 할 것이 아니라, 우군끼리 서로 협력할 필요가 있다. 상대편이 두 사람 또는 그루우프로 공격해 들어오면 우군도 두 사람 또는 그루우프로 협동하여 수비하지 않으면 상대편의 한번의 패스로 곤경에 처하게 된다.

1. 원사이드 컷

1 : 1의 대결에서 수비하는 몸가짐은 상대를 고울로부터 먼 곳으로 쫓아내는 태세를 취하여, 상대가 패스를 보낼 수 있는 방향을 제한하는 수법을 써야 한다. 이러한 형태를 원사이드 컷(one side cut)이라고 한다.

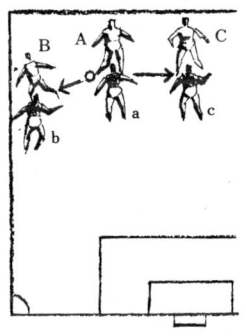

원사이드 컷의 나쁜 예 ①

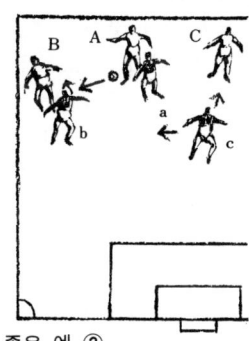

원사이드 컷의 좋은 예 ②

기본 전술

그림①과 같이 보올을 가지고 있는 A는 B와 C로 패스를 보내는 코오스가 있다. A를 마크 하고 있는 a가 A의 정 중앙에 지키고 선 자세로 수비하면, A는 B나 C에게도 패스를 보낼 수가 있다.
(수비의 나쁜 예)

그러므로, ②와 같이 a는 비스듬한 자세를 취하고 C로의 패스 코오스를 막아 B에게만 패스할 수 있도록 숨통을 터 준다. 즉, 일방 교통만으로 제한한다. (수비의 좋은 예)

2. 유도하여 뺏는다.

원사이드 컷은, 상대를 불리한 방향(우군에게는 유리한 방향)으로 몰아 붙이는 형태의 수비이다.

따라서, 상대방을 몰아붙이는 방향은 우군의 고울로부터 먼 쪽 즉, 터치 라인 쪽이라든가, 우군의 또 다른 수비가 있는 방향을 설정해야 한다.

또, 수비의 요령가운데 하나는 상대로 하여금 드로우 패스(세로 백 사이를 뚫는 패스)를 할 수 없도록 몰아 붙이는 일이며 그러한 형태가 될 수 있도록 몰아 붙여야 한다.

그림에서 A가 보올을 갖고 있는 경우, a는 드로우 패스를 당하지 않도록 주의하면서 A를 터치 라인 쪽으로 몰아 넣는다. 그렇게 되면 B에게 패스할 수 밖에 없게 된다.

A가 어쩔 수 없이 B에게 패스하는 것을 b가 노리고 있다가, 도중에서 빼앗든가 아니면 패스가 넘어간 순간에 태클하도록 한다.

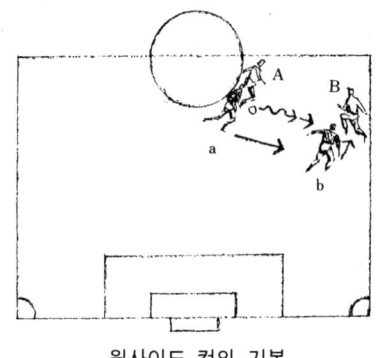

원사이드 컷의 기본

이 때, b는 뒤로 패스가 넘어감으로써 B에게 뚫리지 않도록 B와의 간격을 잡는데 주의해야 한다.

우군의 인원수가 적을 경우, 예를 들어, 3 : 2의 경우에는 앞서 말한 바와 같이 한쪽만의 패스코오스를 막아 우군이 있는 쪽으로 패스를 보내도록 유도한다.

■ 패인은 분업(分業)에서

누차 지적하는 바와 같이, 수비의 목적은 무엇보다도 우선 자기편 고울을 지키고, 득점시키지 않고, 다음은 상대방으로부터 보올을 뺏어내는 것이다. 그 이외는 없다.

이것은 잘 알고 있는듯 하면서도 의외로 이해되고 있지 않다.

예를 들면, 자기가 마아크하고 있는 상대에게 뚫리지만 않으면 반대측 사이드에서 뚫려 득점에 연결되었다 해도 그것은 자기의 책임이 아니라고 생각하는 선수가 있다면 이것은 큰 잘못이다.

수비의 전술

점수를 허용하지 않는 것이 수비의 제 1 의 목적이며 자기가 담당한 상대를 마아크하는 것은, 그 수단에 지나지 않는다. 따라서, 득점의 우려가 있을 때는, 자기의 마아크 상대를 버리더라도, 고울을 노리고 있는 또 다른 상대를 방어해야 한다.

목적은 잊어버린 분업적(分業的)인 플레이는 패인의 원인이다.

한 사람이 뚫리면 가까이 있는 우군이 자기의 마아크 상대를 버리더라도 보올을 갖고 있는 상대를 커버하기 위해 곧 상대로 향한다. 이 선수가 마아크하고 있던 상대는 또 그 가까이에 있는 우군 선수가 따라 붙어 마아크한다. 이토록 마아크를 순번을 바꾸어 가면 결국 보올에서 가장 멀리 있는 적군 선수만 남게 한다.

보올을 갖고 있는 상대가 가장 위험하며, 보올에 가까운 선수가 다음으로 위험하고, 보올에서 먼 선수는 비교적 위험하지 않은 것이므로, 이러한 보올로의 대시와 마아크의 교체는 당연한 것이다.

이 경우, 중요한 것은 수비하는 전원이 재빨리 커버에 들어가는 타이밍을 판단하여 행동으로 옮기는데 있다.

한 사람이 뚫려 상대편 인원수가 많아졌을 때는, 혼자서 두명의 상대를 마아크하지 않으면 안될 장면이 연출된다. 그러한 때에는 후술하는 좋은 수비가 필요하게 된다.

■ **조운과 맨 투우 맨**

수비의 방법에는 두 가지가 있다. 조운(지역 수비)과 맨 투우 맨(대인수비)이다.

조운(zone) 수비는, 한 사람이 일정한 지역을 담당하여 그 지역에 들어온 상대편을 방어하는 수비이다. 한편 맨 투우 맨에서는 한 사람이 특정한 상대를 마아크하여 그 상대가 가는 곳을 좇아 다니는 것이다.

축구의 수비 원칙은「보올 가까이에선 맨 투우 맨, 보올과 먼 곳에서는 조운」인 것이다.

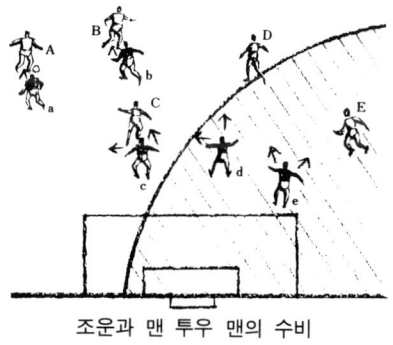

조운과 맨 투우 맨의 수비

위 그림에서 공격측의 A, B, C, D, E에 수비측의 a, b, c, d, e가 각기 달라 붙고 있는데, 보올을 갖고 있는 A에 대한 a는 접근하여 보올을 뺏으려 하고 있으며, 가까이 있는 B에 대하여 b도 패스가 되면 곧 차단해 가려고 접근하여 대기하고 있다.

그러나, 보올에서 먼 쪽의 d와 e는 고울을 포함한 빗금 지역전체를 수비한다는 마음으로, 그 지역 내로 들어오는 상대방 전부에 대비하지 않으면 안된다.

기본 전술

1. 문을 만들지 말 것

실제로 이「맨 투 우 맨과 조운의 겸용」이라는 배려는 앞서 말한 마아크의 3원칙 중에 포함되어 있는 배려와 같은 것이다.

「문(門)이 되지 말라」라는 말도 이와 똑같은 배려를 의미하는 것이다.

「문이 되지 말라」는 것은, 풀백이 마치 문과 같이 두 사람이 양쪽에 나란히(그림 ①) 고울 라인에 평행하게 서 있으면 안된다는 의미로, 이와 같은 태세일 때는 한 사람이 뚫려도 다른 한 사람이 커버할 수가 없는 것이다.

문 모양이 되는 형

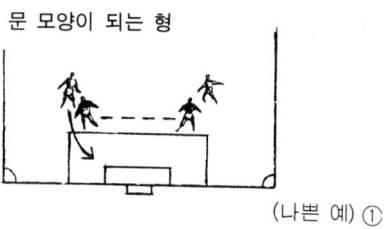

(나쁜 예) ①

(좋은 예) ②

그림 ②와 같이 보올에서 먼 쪽의 수비자는 상대에서 비스듬히 쳐져서 아군이 뚫렸을 때에 커버할 수 있도록 하는 것이다.

2. 조운으로 수비하는 경우

① 고울 앞에 밀집해 있을 때 : 조운 수비는, 상대의 공격을 받고 고울 앞에 좁은 지역을 수비해야 할 때 중요하게 된다.

고울 앞의 좁은 곳에서 적군이 포지션 체인지를 하거나, 삼각 패스를 구사하여 고울을 노릴 때는 맨투우맨으로 상대를 마아크할 여유가 없다.

그러한 장면에서는 자기에게 가까운 상대를 마아크하고, 또, 보올에 가까운 선수가 곧 뺏으러 나가야 한다.

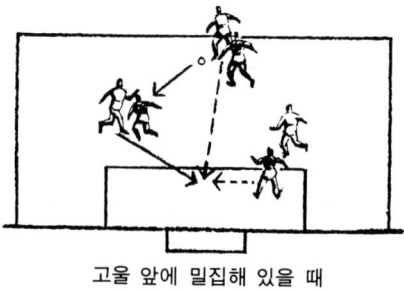

고울 앞에 밀집해 있을 때

발재간이 교묘한 남미의 축구에는 중간 지역은 어느 정도 소홀히 하더라도 고울 부근에서 페널티 에어리어 바로 바깥쪽 지역을 주로 수비하는 티임이 많다. 그러한 티임은 조운 수비가 능숙하다.

농구에서 조운 수비가 잘 사용되는 것은 좁은 지역에 밀집해서 수비하기 때문이다.

② 인원수가 적을 때 : 공격측의 인원수가 수비측보다 많아졌을 경우, 예

수비의 전술

컨대, 2대 1이나 3대 1이 되었을 때는 맨 투 맨에서는 공격측의 한 사람이 여유가 있어, 그쪽으로 보울을 보내기 때문에 수비하기가 어렵다. 그러한 경우에는 응당 조운 수비로 대처해야 한다.

2대 1의 경우에는 보울을 갖고 있는 상대에 대해 다른 선수에게 패스를 보내기 어렵도록 제약하면서 수비한다. 그리고, 보울이 패스되면 그 보울을 잡은 선수에 대해 같은 방법으로 수비한다. 이처럼 두 사람의 상대 사이를 오가며 지킴으로써 자기편이 돌아오는 시간을 번다.

3대 2의 경우에는 보울을 갖고 있는 상대에게 한 사람이 패스 코오스를 한쪽으로 봉쇄하면서, 자기편 고울에서 가장 먼 바깥쪽의 상대에게 패스를 보내도록 수비한다.

■ 수비는 공격의 스타아트

공격은 아군이 보울을 뺏은 순간에서부터 시작된다. 그러므로, 고울 키이퍼는 첫 공격수이며, 수비는 공격의 시작인 것이다. 수비에서 공격으로 전환할 때, 특히 중요한 점을 들면 다음과 같다.

(1) 속공 제일 : 상대 티임이 수비를 공고히 하기 전에 공략한다.
(2) 터치 라인을 따라 : 백에서의 패스는 바깥쪽으로 보낼 것. 자기 진영의 고울보다 멀리 보내는 것은, 위험을 피하는 동시에 상대방의 허술한 곳에서 플레이를 전개시키는 데도 중요하다. 아군 문전을 가로지르는 따위의 패스는 삼가해야 한다.
 양쪽 풀백에서의 패스는 터치 라인을 따라 패스하는 것이 가장 좋다.

2대 1의 경우

3대 2의 경우

패스의 방향

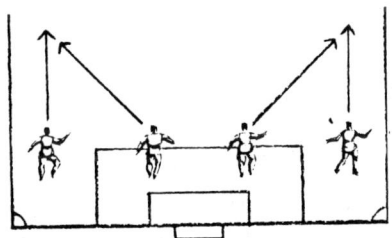

155

기본 전술

(3) 무익한 드리블은 피한다 : 백에서 무익한 드리블을 하지 말 것.

보올을 뺏으면 되도록 빨리 전선 아군에게 패스한다. 보올을 곧 패스 하는것 보다 드리블을 하면 체력이 더욱 소모된다. 클리어한 보올이 그 대로 아군에게 패스되면 더욱 좋다.

그루우프의 연습

■ 코우치의 역할

그루우프 전술도 책을 읽거나 그림 설명으로 습득하는 것보다 몸으로 직접 익혀야 한다. 그러기 위한 그루우프 연습에는 갖가지 방법이 있다.

그 중 어떤 형식의 연습 방법을 선택하여 어떻게 결합시킬 것인가를 결정하는 것이 바로 코우치의 역할이다.

또, 코우치는 선수들을 되풀이해서 연습시키는 일 외에 선수 개개인이 연습의 목적과 의미를 충분히 이해하도록 납득시켜야 한다. 수학에서 계산 연습만 되풀이해 보았자 응용 문제를 풀 수 없듯이, 연습의 형식만으로는 실전에서 천태 만별의 상황에 따라 자기 나름의 판단으로 응용하기란 결코 쉬운 일이 아니다.

그루우프의 연습은 하나의 연습 목적이 여러가지 목적을 겸용하고 있다. 첫째로, 보올을 다루는 이상 모든 기본 기술의 응용 연습이 된다. 둘째로, 보올을 가진쪽은 공격의 전술 연습이 되고, 빼앗으려 드는 쪽은 수비의 전술 연습이 된다.

예컨대, 4 대 2 형식의 연습에서는 패스하고 달리기, 패스를 받기 위하여 올바른 포지션 잡기, 반면 수비측에서 보면 태클, 맨 투우 맨과 조운을 겸한 수비 등 갖가지 의미의 연습이 된다.

이러한 연습 형식의 결합 방법에 따라 인터어벌 트레이닝을 겸할 수도 있다. 그런가 하면, 하나의 연습 방법을 목적에 따라 갖가지 제한 아래 실시할 수도 있다.

좁은 일정 지역 안에서 연습하도록 제한하면 보올 콘트롤의 정확도, 페인트의 신속성, 패스 앤드 고우 등의 기술을 연마하는 데 좋은 구실을 한다.

또, 다음과 같이 보올 접촉의 횟수를 제한하여 연습하기도 한다.

① 보올에 접촉하는 것을 1회로 하고 전부 직접 패스한다.
② 보올 터치를 2회로 제한하고, 1회째에는 트래핑, 2회째에는 패스한다.
③ 드리블을 넣어 보통 경기를 하듯이 해 본다.

보올 접촉의 횟수를 제한하면, 아무래도 터치 직전에 주위를 둘러보게 되어 상황 판단력이 함양될 뿐만 아니라 보올을 받는 동작도 신속해진다.

다음에 열거하는 그루우프 연습의 예는 실전에서 실제로 많이 사용되는 것을 골랐다.

■ 수비자가 없는 연습

4 인 1 조

(1) 패스된 보올을 좇아가 주위를 잘 살펴본 다음, 보올을 1회 스톱시키고 나서 패스한다. 패스한 뒤에는 먼저번 위치로 재빨리 돌아온다.
(2) 보올을 좇아가 패스한 뒤, 패스를 넘겨 준 상태의 위치로 달려간다.
(3) 위의 (1)과 (2)의 플레이를 보올을 멈추지 말고 다이렉트로 행한다.

2 명이 1 대 1

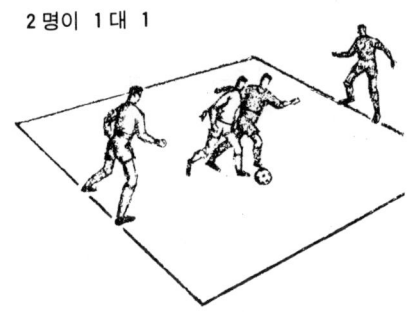

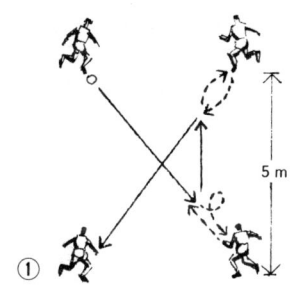
①

■ 2 대 1 (삼각 패스)
(1) 기본 동작을 습득시키기 위해, B는 선 채로 보올을 받아 직접 패스로 정확하게 보올을 돌려 보낸다. 그러면, 수비측의 a는 방해하지 말고 지키는 자세만을 취한다.

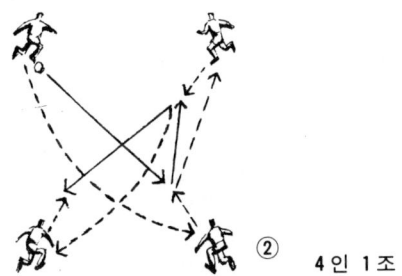
② 4인 1조

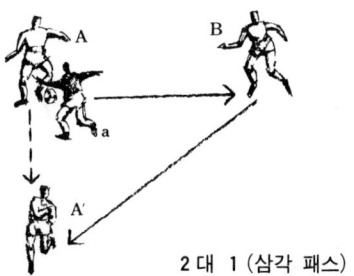
2 대 1 (삼각 패스)

■ 1 대 1
서로 하나의 보올을 빼앗으려 든다.
(1) 고울없이 행한다.
(2) 양다리를 2 보 간격으로 벌리고 서서 그 사이를 고울로 한다. 4인 1조로 행하되, 2명은 고울이 되고 2명은 1대 1로 대결한다. 1분마다 서로의 역할을 교대한다.

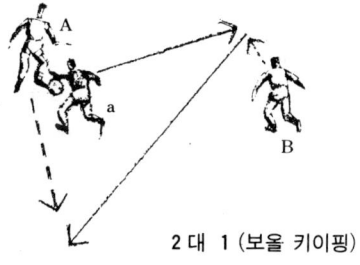
2 대 1 (보올 키이핑)

기본 전술

(2) 삼각 패스를 움직이면서 행한다. B는 A로부터의 패스를 받기 쉽게 움직이고, 보올을 잡으면 드루우 패스로 보낸다. 수비측의 a는 방해를 한다.

(2) 고울을 만들고 행한다. 사람이 양 다리를 벌려 고울로 하고, 다른 2명이 바깥쪽에 서서 예비 보올을 가지고 있다가 보올이 오면 재빨리 넣어 준다. 1분이 지나면, 고울을 했던 2명과 바깥의 2명이 안의 2조와 교대한다.

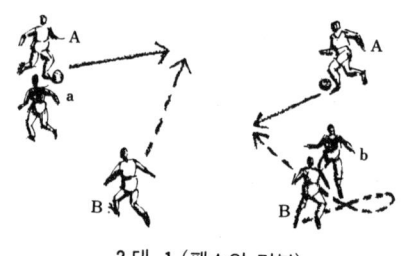

2 대 1 (패스의 기본)

2 대 2

■ 2 대 1 (보올 키이핑)

두 사람이 움직이면서 보올을 패스하고, 한 사람이 그것을 뺏으려고 한다. 사방 6m의 지역 안으로 제한해서 행하는 것이 좋다.
(1) 다이렉트 패스만으로 보올을 키이핑한다.
(2) 드리블과 패스를 섞어가면서 행한다.
(3) 두 사람 사이에 간격을 예컨대 약 3m로 정하고 패스의 거리를 넓히지 않고 연습한다.

■ 3 대 1

보올을 가지고 있는 사람에 대하여 둔각으로 벌리도록 하고 전개한다.
(1) 보올을 멈추고 드리블 했다가 패스해도 좋다. (보통 방법)
(2) 보올의 접촉 횟수를 2회 이내로 제한한다.
(3) 보올의 접촉 횟수를 1회만(다이렉트)으로 제한한다.

3 대 1

■ 2 대 2

두 사람씩 티임을 만들어 보올을 서로 뺏는다. 사방이 8~10m정도 지역 안에서 행한다.
(1) 고울없이 서로 보올을 뺏으려 든다. 어느 편이 오랫동안 보올을 지니고 있는가? (1분 행하고 1분 쉰다)

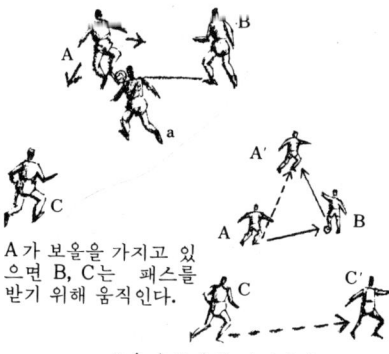

A가 보올을 가지고 있으면 B, C는 패스를 받기 위해 움직인다.

보올이 B에게 넘어가면 A, C는 패스를 받기 위해 움직인다.

그루우프의 연습

■ 3 대 2

고울없이 대충 사방 20m 넓이의 지역에서 행한다. 3명이 보올을 키이프하고, 2명은 뺏으려 든다. 공격측은 자유로운 위치에 있는 우군을 잘 이용하고, 수비하는 쪽은 자유로운 위치에 있는 상대를 적극 수비한다.

■ 3 대 3의 게임

3보 너비의 고울을 만들고, 페널티 에어리어 정도의 지역안에서 행한다. 고울키이퍼, 코오너 킥, 오프사이드는 없다. 고울은 보올이나 짐 등을 나란히 놓아 만들며, 그 사이를 굴러 통과하면 득점이 된다.

■ 3 대 3 플러스 1

3명이 1조가 되어 각기 마아크 상대를 정하고, 서로 보올을 빼앗는다. 어느 조에도 속하지 않은 1명은 언제나 보올을 지닌 공격측에 가담한다. 즉, 4대 3으로 행하는데, 페널티 에어리어의 크기 지역내에서 행한다.

■ 4 대 2

4명이 보올을 키이프한다. 2명이 협력하여 보올을 빼앗으러 간다. 페널티 에어리어의 반 정도 지역에서 행한다.

(1) 먼저 위치 잡는 방법부터 익힌다.
보올을 가진 사람의 양쪽에 우군이 벌려 자리 잡고, 상대편 2명이 버틴 중간으로 네번째 사람이 움직인다. 풀백 2명이 고울처럼 나란히 서는 형태가 되도록 몰아 붙이며, 그 2명 사이를 통하는 드루우 패스를 노리는 모양이 된다. 패스할 때마다 똑같은 형태가 되도록 최단거리로 움직인다.

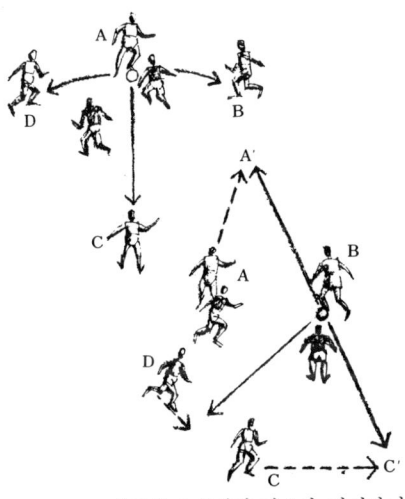

A로부터 B에게 패스가 넘어가면 A, C, D는 패스를 받기 좋은 위치로 움직인다.

(2) 4대 2를, 보올의 접촉 횟수를 1인 2회로 제한한다.
(3) 다이렉트 패스로 행한다.
(4) 2조의 4대 2를 만든다. 사방 30m 정도의 지역내에서 4명이 보올을 키이프하고, 다른 2명은 보올을 빼앗으려 든다. 같은 방식으로 20m거리를 두고 2조로 행한다. 수비측 사람이 보올을 뺏으면 다른 조에게 롱 패스로 보내고 롱 패스를 받은 그루우프가 4대 2의 대결을 시작한다. 그러는 동안 보올이 없는 조는 휴식을 취한다.

기본 전술

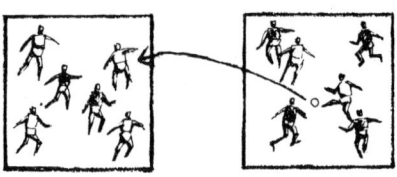

롱 패스

■ 4 대 4

그라운드의 4분의 1 크기 정도의 안에서 4 대 4로 경기를 한다. 고울은 보올이나 샤쓰 따위를 3보 너비로 놓아 만든다. 고울키이퍼, 코오너 킥, 오프사이드는 없다.
(1) 드리블을 섞어서 보통 경기를 하듯이 한다.
(2) 보올 접촉의 횟수를 2회로 제한한다. 스톱시킨 후 곧 다음 패스를 한다.

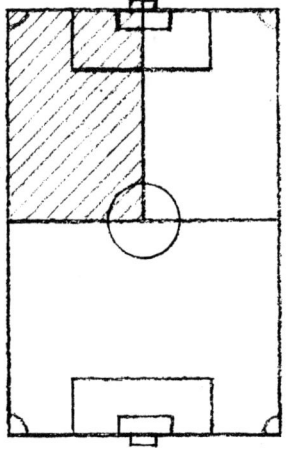

4 대 4 (4분의 1 크기 안에서)

(3) 보올 접촉의 횟수를 1회로 제한하여 다이렉트 패스만으로 한다.
이상의 3종류를 각 5분씩 행한다.

■ 5 대 5

그라운드는 약 3분의 1
(1) 고울없이 보올을 서로 키이프한다.
(2) 고울(약 5보 너비)을 두 개 만들고, 고울 키이퍼를 정하고 행한다. 패스하면 달리고, 패스하면 달리는 연속이 되므로, 패스 앤드 고우의 연습으로 안성마춤이다. 패스를 보낸 뒤 받을 사람의 위치로 달려 들어가지 않도록 주의한다.

■ 5 대 5 플러스 1

플러스 1에 해당하는 사람은 자유스럽게(마아크 없이) 항상 보올을 가진 공격측에 가담하며, 반드시 다이렉트 패스를 보낸다. 이것은 티임 메이커로 하여금 실시하면 좋은 연습 방법이 된다. 플러스 1에 해당하는 사람도 움직이면서 플레이 하도록 한다. 자유스러운 위치에 있는 사람이 어디에 있는가를 모두가 항상 기억하고 있지 않으면 안된다.

■ 6 대 6

그라운드의 2분의 1을 사용한다.
(1) 고울없이 보올을 서로 키이프한다.
(2) 고울 2개(3보 너비)를 만들고 행한다. 고울키이퍼, 오프사이드는 없다.
(3) 고울 4개(3보 너비)를 사용한다.

그루우프의 연습

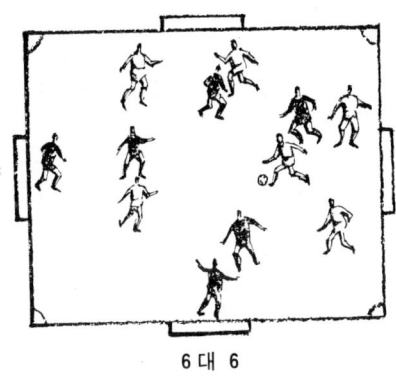

6 대 6

양티임이 2개씩 지킨다.
그러므로, 한쪽 고울만을 노리지 말고 허술한 쪽을 노리는 것이 좋다. 전체의 상황을 파악하면서 전개하는 연습이 된다. 특히, 시합 전날 워어밍법으로 이용해도 좋다. (5 대 5 에서도 고울 4개의 연습을 할 수 있다)
이상의 연습을 보올 접촉의 횟수를 2회 이하 또는 다이렉트 패스만으로 제한하여 실시한다.

하아프 매치
중반 플레이어인 2명은 하아프 웨이 라인에서 나가지 않는다. 수비측은 보올을 뺏으면, 이 2명에게 패스하고, 2명은 되도록 다이렉트로 공격측에 패스한다

■ 하아프 매치
그라운드의 2분의 1을 사용하여, 고울키이퍼를 붙여 연습한다. 4명(또는 5명)이 공격, 4명(또는 5명)이 수비한다. 공격측의 2명의 중반 플레이어가 하아프 라인 밖에 있고, 수비측이 빼앗은 보올을 받아 다시 공격측에 패스를 공급한다.

■ 8 대 8의 게임
그라운드 전면을 사용한다.
고울키이퍼 1명, 풀백 3명, 하아프백 1명, 포오워드 3명의 2개 티임이 행한다.
(1) 보통의 게임을 행한다.
(2) 보올 터치를 2회 이내로 제한하고 행한다.
정식 게임의 11대 11명에서는 숏 패스를 많이 한다. 그러나, 8대 8의 경우와 같이 인원수가 줄어들면 우군끼리의 간격이 멀어져 장거리 또는 중거리 패스를 주로 구사해야 한다. 따라서, 재빨리 진영을 넓게 펼치는 연습이 되고, 1인당 움직이는 범위가 넓어져 스태미너를 기르는 데도 큰 효과가 있다.

기본 전술

티임의 전술

■ 승리하기 위한 집단 전술

보올을 자유 자재로 다루기 위한 기본 기술을 설명하였고, 이어 그 기술을 시합에서 구사하기 위한 개인 전술과 그루우프 전술에 대해 기술하였다. 다음은 티임 전술에 대하여 설명할 차례이다.

기술을 살려 전술을 세우고, 개인기술을 결합하여 그루우프 전술을 구성한다. 그 그루우프 전술의 결합에 따라 만들 수 있는 것이 바로 티임 전술이다. 티임 전술이란 집단 전술로서, 결국 어떻게 하여 시합을 승리로 이끌 수 있는가 하는 방법인 것이다.

기본 기술도 개인 전술도 그루우프 전술도 각기「시합을 하는 것」과 분리시켜 생각할 수가 없다. 따라서, 티임 전술이라 하여 특별히 색다른 내용을 다루게 되는 것은 아니다.

그래서 여기서는 티임 전술이란 실제 시합을 하는 경우에 필요한 상식으로서, 이제까지 서술한 것을 정리하면서, 시합을 할 때의 선수의 기본적인 배치인 시스템에 관한 설명과 또, 몇 가지 특수한 전법에 대하여 실전에 효과적인 구실을 할 수 있는 것을 골라 부언하기로 한다.

티임(또는 집단) 전술을 익히기 위해 다음 사항을 다시 강조해 둔다.

1. 2개의 장면(공격과 수비)

시합 중에는 2개의 장면밖에 없다. 그 중 하나는 아군이 보올을 키이프하고 있을때로 이것은 공격의 장면이다. 또 하나는 상대편이 보올을 키이프하고 있을 때 즉, 수비의 장면이다.

공격의 장면에서는 11명의 선수가 전원이 협력하여 보올을 키이프하여 득점을 올리도록 노력하지 않으면 안 된다. 한편 수비의 장면에 접어들면 11명의 선수 전원이 협력하여 실점을 막고, 보올을 빼앗아 공격의 장면으로 전환하도록 노력해야 한다. 이것이 바로 티임의 전술이다.

2. 3개의 지역(후방, 중반, 전선)

티임 전술을 결합시키는 경우에 피일드를 3분의 1씩 3개 지역으로 나누어 생각하면 좋다.

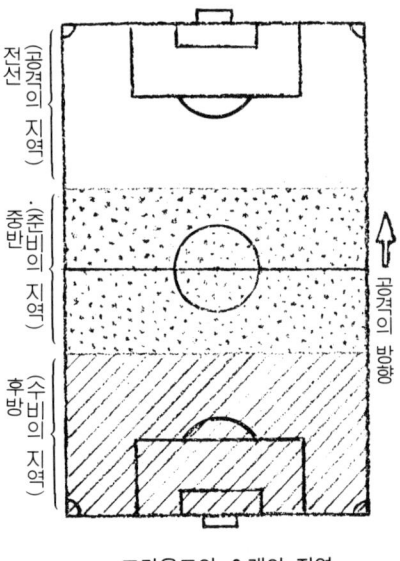

그라운드의 3개의 지역

공격 방향 즉, 상대편 고울을 향하여 자기편에 가까운 3분의 1을 「후방」이라고 한다. 여기는 주로 상대편이 가지고 있는 보올을 빼앗아 되돌려 줌으로써 자기편의 공격을 스타아트 시키는 「수비의 지역」이다.

중앙의 3분의 1은 「중반(中盤)」 즉, 미드피일드이다. 여기는, 공격을 결합하는 「준비의 지역」이며, 또, 수비의 장면에서는 상대편이 공격을 시작하는 것을 방해하고, 후방에서 수비 태세를 갖추도록 준비시키는 지역이 된다.

상대편 고울에 가까운 3분의 1은 우군의 공격의 「전선(前線)」으로서, 득점을 하기 위한 「공격의 지역」이다. 여기는 상대편에 있어서는 「공격이 스타아트하는」 지역이므로, 여기서 상대편에 보올을 빼앗기면 재빨리 수비 태세가 시작되어야 한다. 요컨대, 이 지역은 서로간에 공수의 전환점이 되므로, 장소나 사람을 불문하고, 상대편에 보올이 넘어간 순간부터 수비가 시작되고, 반대로, 상대편에서 보올을 뺏은 순간에 공격이 시작되는 지역이다.

3. 선수의 포지션

축구의 루울(경기 규칙)에는 선수의 포지션은 고울키이퍼 이외는 특별히 정해져 있지 않다.

1 티임 11명의 선수 중 고울키이퍼 한 사람만 자기 진영의 페널티 에어리어 안에서는 손으로 보올을 다룰수 있다.

그밖의 10명은 누가 피일드 위의 어느 위치에 가서 플레이해도 좋다. 고울키이퍼도 손을 사용하지 않으면 다른 선수와 마찬가지로 피일드 안의 어디로 가든 상관없다.

그러나, 티임 전술을 결합하는데 편의상 11명 선수에게 제각기 포지션에 따라 호칭을 붙이고 있다.

포지션의 호칭은 경기 규칙에 정해져 있는 것이 아니라, 일반적으로 반드시 통일되어 있지 않다. 갖가지 호칭이 서로 어울려 사용되고 있는 것이 보통이다.

대략적으로 말하면, 앞서 말한 피일드상의 3개 지역에 따라 고울키이퍼 이외의 10명의 포지션을 다음 3개의 라인으로 나눌 수가 있다.

전선(포오워드) 또는 공격라인
중반(미드피일드) 하아프
후방(백) 또는 수비(디펜스)라인

두 말할 나위 없으나, 「전선(前線)의 선수」라 할지라도, 앞쪽에서만 플레이하는 것이 아니다. 주로 플레이하는 지역에 따라 편의상 나누었을 뿐으로, 전선의 선수가 후방으로 쳐서 플레이하는 경우도 많다.

하나하나의 포지션의 호칭은, 후술하는 시스템의 종류에 따라 달라지므로, 여기서는 2 팀으로 보기만을 표시한다.

한 라인 안에서는 오른쪽, 중앙, 왼쪽으로 나누는데, 이것은 상대편 고울을 향해 공격하는 모양으로, 좌우를 생각하면 된다.

기본 전술

포지션 호칭의 일례
WM 포오메이션의 경우

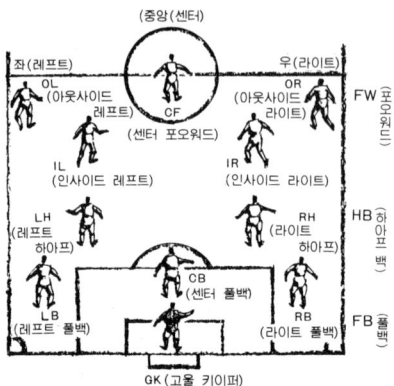

주 1) 센터 백(CB)을 센터 하아프(CH)라고 부르는 수가 많다.
2) IR은 RI (라이트 인너), IL은 LI (레프트 인너), OR은 RW(라이트 윙), OL은 LW(레프트 윙)으로 쓰는 수가 있다.
3) LH와 RH는 사이드 하아프 또는 윙 하아프라고 한다.

4·3·3의 경우

주 1) 4·3·3의 시스템에서는 중반의 플레이어(미드 피일드)는 좌우의 구별보다 수비적 링크 맨, 게임을 결합시키는 링크 맨(게임 메이커), 공격적 링크 맨으로 나누는 방법이 적당하다.
2) 디펜스 라인 중앙의 2명은, 스위퍼 시스템을 취할 때는 1명이 스위퍼, 다른 1명을 스토퍼라고 부른다.

■ 공격의 전술

축구의 공격은 상대 팀으로부터 보올을 뺏는 순간에 시작되어, 상대고울에 고울인시킴으로써 끝난다. 상대 팀으로부터 보올을 빼앗아 득점할 때까지 어떠한 플레이를 실행해야 하는가를 열거해 보기로 한다.

1. 수→공의 전환을 빨리

우군이 보올을 뺏으면 11명 전원이 그 순간에 재빨리 수비에서 공격으로 전환하지 않으면 안된다. 상대의 마아크를 벗어나 보올이 굴러오는 공간으로 달려가도록 한다.

2. 공격의 템포를 맞출 것

공격에는 속공(速攻)과 지공(遲攻)의 두 가지가 있다. 보올을 빼앗을 때 상대편이 자기측 진영에 다가와 있을 때는 우선, 속공을 노려 공격 라인에 있는 우군에게 롱 패스로 연결해 주도록 한다. 속공이 여의치 못한 상황이라면, 중반(中盤)에서 보올을 키이프하여, 지공(遲攻)에 의해서 상대편의 수비를 공략하도록 한다. 다시 말해, 상대편의 수비 진영이 정비되어 있지 않을 때는 속공으로 나가고, 정비되어 있을 때는 지공으로 나간다.

3. 게임 메이커의 구실

팀에는 중반(中盤)에서 공격을 결합하기 위한 중심이 되는 선수가 필요하다. 이러한 선수를 게임 메이커라고 부른다.(영어로 스키이머 Schemer=계획을 세우는 사람이라고 한다) 게임 메이커는 경험이 풍부하고 보올 콘트롤이 좋으며, 상황 판단이 능한 선수여야 한다.

우군이 보올을 빼앗으면, 게임 메이커는 재빨리 다가가 패스를 받아 자기 위치에서 공격으로 결합시켜야 하는 수가 많다.

게임 메이커는 게임의 리듬과 전환을 항상 염두에 두고, 가장 유리한 위치에 있는 선수에게 보올을 공급해 주어야 한다. 즉, 숏 패스를 2~3차례 한 다음에는 롱 패스를 구사하는 등 게임을 변화있게 운용하는 것도 한 방법이다.

4. 사이드 체인지와 그 효과

왼쪽 사이드에서 오른쪽 사이드로 또는 오른쪽에서 왼쪽으로, 피일드를 횡단하는 롱 패스를 보내는 것을 사이드 체인지(side change)라고 한다.

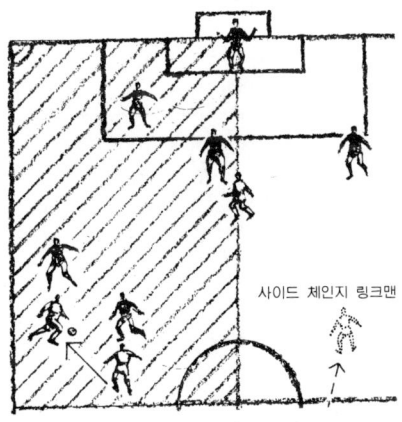

상대편 수비를 유도하여 반대쪽 사이드로 보내고, 급히 공격의 정면을 바꾸어 상대편 수비벽이 엷어진 틈을 타 재빨리 공격하는 것이 이 전법이다.

사이드 체인지를 어느 정도로 훌륭히 해내느냐에 따라 공격의 성공율이 크게 달라진다.

4 : 3 : 3의 시스템에서는 왼쪽 사이드에 보올이 넘어가면, 수비 진행은 그림의 형과 같이 된다. 이 경우, 빗금 부분에서는 공격측 3명에 대하여 수비측은 고울키이퍼 외에 4명이므로 수비측이 수적 우위에 놓이게 된다. 그러나, 오른쪽 사이드에서는 수비측 1명에 대하여 공격측 1명이라는 대등한 조건이 주어져 링크맨 가운데 한 사람이 자유롭게 공격에 가담하면, 수비측 1명에 대하여 공격측은 2명이 되어 수적 우위에 놓인다. 4 : 3 : 3 시스템에서 재빠른 사이드 체인지가 얼마나 효과있는 공격 방법이라는 것을 알 수 있을 것이다.

5. 드리블의 활용

상대편의 수비벽이 튼튼하여 패스에 따른 공격만으로는 좀처럼 헛점을 발견해 낼 수 없을 때, 중반에서 드리블을 잘 활용하면 게임을 풀어 나가는 데 큰 효과가 있다. 드리블에서 상대 하나를 제쳐 내면 수비 인원수가 줄어들 뿐더러 수비 선수들이 그쪽으로 밀집되기 때문에 공격의 전개가 수월해진다. 이 경우, 상대의 백에서 피하여 드리블하는 것이 아니라, 상대의 정면을 향해 밀고 나가듯이 드리블하는 편이 효과적이다.

그러나, 드리블의 사용법을 잘못 구사하지 않도록 주의하여야 한다. 모처럼 상대를 제쳤다해도 타이밍이 느린

기본 전술

드리블을 계속하면, 상대편의 수비벽만 두터워지게 하는 시간을 주게 된다.

6. 고울 앞의 전술

페널티 에어리어의 주변에서 고울에 이르기까지의 자역은 직접 슛할 수 있는 반면, 상대편 수비 선수들이 많고 마아크가 심하다. 이 밀집 지대를 깨뜨리기 위해서는 다음의 사항을 염두에 두어야 한다.

(1) 개인적인 과감성 : 최후로 결정을 짓는 것은 밀집된 가운데에서 재빨리 보올에 달려들어, 무리한 자세라도 슛할 수 있을 정도의 개인적인 과감성에 있다.

(2) 센터링의 이중 처리 : 한쪽의 사이드에서 고울 앞으로 길게 패스(센터링)한 보올을 문전 가까이에 있는 선수가 짧게 밀어 주면 (어시스트해 주면), 제 3자인 선수가 순간적으로 달려들어 슛한다. 이 경우 장신의 선수는 헤딩을 주로 사용한다.

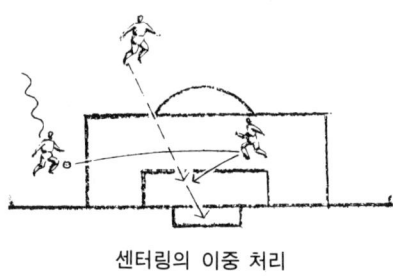

센터링의 이중 처리

(3) 삼각 패스 : 상대편 선수와 마주 대하고 있는 우군 선수에게 일단 강하게 패스하고, 그 되돌아 오는 타이밍을 맞추어 뛰어들어, 밀집을 돌파하여 슛한다. 즉, 우군 선수를 벽으로 하여 상대의 수비를 막고, 벽에 부딪치게 하여, 튀어 되돌아 오는 것을 다시 되받아 제치는 것이다.

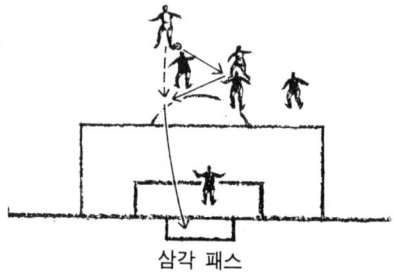

삼각 패스

(4) 스크리인 플레이 : 우군 두 사람이 엇갈리듯이 엇비슷하게 스치어 번갈아 패스를 주고 받다가 상대편 선수들이 겹치도록 유도하여 틈을 보아 슛한다.

스크리인 플레이

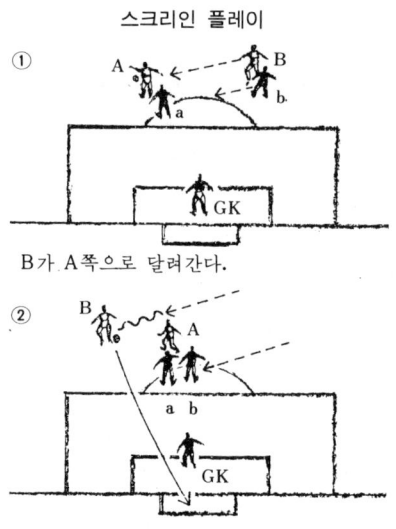

B가 A쪽으로 달려간다.

B는 A와 엇갈리며 보올을 받아 슈팅한다.

(5) 외곽에서의 슛 : 20m 이상의 미들슛이나 롱 슛을 찬스가 생기는대로 주저없이 시도한다. 페널티 에어리어의 외곽에서 느닷없이 슛을 함으로써 적의 진영은 동요를 일으킨다.
(6) 고울 포우스트로 달려든다 : 문전으로 날려 보낸 보올(센터링)에 맞추어, 패스를 보낸쪽의 고울포우스트를 목표로 달려 들어가며 슛한다. 고울키이퍼가 반대쪽 포우스트 쪽으로 이동하려는 것의 허를 찌르는 플레이이다.

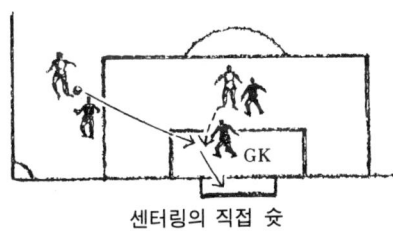

센터링의 직접 슛

(7) 2단, 3단의 공격 : 문전에서 슈팅 찬스를 얻을것 같을 때는 한 사람만 슛을 노리는 것이 아니라, 슛이 고울 포우스트나 상대편 수비 선수에게 맞고 튀어 나올 때, 두 번째, 세 번째로 집요하게 슛을 해야 한다.

■ 수비의 전술

축구의 수비는 상대 티임에게 보올을 빼앗겼을 때부터 시작된다. 그리하여, 아군의 고울을 지키면서 11명이 협력하여 상대편 선수들을 몰아 내고 보올을 다시 뺏음으로써 끝난다. 수비의 장면에서 실행하여야 할 사항을 들어 본다.

1. 뺏기면 추격하라

보올이 상대편에 넘어간 순간 전원이 곧 수비하지 않으면 안된다. 보올을 빼앗긴 선수는 즉시 추격한다. 보올 가까이에 있는 사람은 보올을 좇으며, 그밖에 선수는 각기 자기가 마아크해야 할 상대를 놓치지 않도록 바싹 따라 붙음으로써 조금도 눈길을 떼어서는 안된다.

상대를 끈질기게 따라 붙으면 상대방에게 심리적인 압박감을 주어 보올 콘트롤을 제대로 할 수 없게 만든다. 또, 상대방으로부터 보올을 다시 뺏을 수 있을지도 모른다. 공격과 수비의 전환점에 휴식이란 있을 수 없다.

2. 맨 투우 맨

상대편에게 보올이 넘어가면 우선 맨 투우 맨으로 자기가 마아크할 상대를 파악한다. 만약 그것이 제대로 파악되지 않으면 상대 한 사람에게 우군 두 사람이 붙으며, 다른 한 사람의 상대는 노우 마아크 상태가 되어 수비벽이 깨어지고 마는 수가 많다. 수비로 들어간 위치는 자기편 고울과 상대를 연결하는 직선 위에 놓여 있어야 한다.

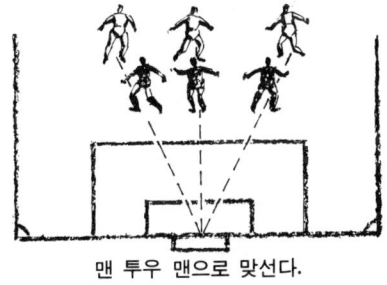

맨 투우 맨으로 맞선다.

기본 전술

3. 보올 사이드 밀착 마아크

보올을 가지고 있는 상대편 선수를 자유롭게 내버려 두어서는 안된다. 자기가 마아크해야 할 상대가 보올을 가지고 있을 때는, 악착같이 따라 붙음으로써 자유롭게 플레이할 수 없도록 방해해야 한다.

4. 반대쪽은 조운 수비

보올이 있는 사이드에서 수비측 선수가 밀착 마아크의 포지션을 취했을 때, 보올과 반대쪽 선수는 조운 수비를 펼쳐야 한다. 그러면, 보올을 가지고 있는 상대편 선수는 패스를 어디로 해야 좋을지 몰라 당황하게 된다. 또, 보올 사이드에 있는 우군이 뚫렸을 때, 커어버링할 수도 있기 때문이다. 이와 같이, 공격에서도 콤비네이션 플레이가 필요하듯이 수비에 있어서도 콤비네이션의 연관 플레이가 필요하다.

5. 상대와 보올을 놓치지 말 것

시합중 상대는 한 군데에 붙박여 있는 것이 아니라, 전황의 변화에 따라 언제나 움직이고 있다. 따라서, 보올만 보고 있으면 마아크해야 할 상대가 피해버림으로써 결국 자유로이 플레이 하도록 방관하는 결과가 되고 만다. 또, 상대만 보고 있으면 보올이 있는 지점에서 어떠한 전황 변화가 일어나고 있는지 판단할 수가 없다. 즉, 언제나 상대와 보올을 동시에 좇아 살펴보아 놓치지 않는 것이 중요하다.

6. 수비는 수적 우위로

현대 축구에서는 수비의 최종 라인에 상대편의 전선(前線)에 있는 공격 선수보다 많은 인원수가 배치되는 데, 이런 방식의 수비를「수적 우위에 따른 수비」라고 말한다.

상대편의 공격진이 3명일 때 아군의 수비 라인의 선수가 4명이면 1대 1로 마아크를 하고도 1명이 남는다. 즉, 예비 백이 1명 생겨난 셈이다.

밀착 조운 반대쪽은 조운 수비를 할 것

수적 우위를 수비한다.

수비 라인을 맨 투우 맨으로 마아크 하는 시스템에서는 이 남은 1명은 「스위퍼」의 구실을 한다. 이와 같이, 수비 라인에서 1명이 남으면 응당, 전선에선 아군의 공격진에 1명이 부족해진다. 따라서, 상대편도 수비 라인에도 1명이 남게 된다.

스위퍼에 대해서는 후술하기로 한다. (p 177 참조)

7. 후방에서 지휘를 한다.

수비하는 선수끼리의 연계와 서로의 커어버는 매우 중요하다. 전방에서 플레이에만 열중하고 있는 선수는 그라운드 전체의 상황을 살펴 볼 수가 없다. 이럴 때 후방에 있는 선수가 각 선수의 위치 등을 잘 파악하여 플레이의 전개에 소리치거나 또는 암호로 지시해 주어야 한다.

특히, 고울키이퍼는 최후방의 수비자이므로, 수비 라인 전체를 파악하여 그때 그때의 상황에 맞추어 경기를 리이드할 줄 알아야 한다. 또, 손을 사용하는 잇점을 최대한으로 발휘하여 페널티 에어리어 안으로 날아든 공중 보올은 모두 잡아내는 적극적인 기백을 보여야 한다.

고울키이퍼가 높은 보올을 잡으려고 뛰어 나갔을 때는 다른 선수가 재빨리 고울 안으로 들어가 커어버하도록 한다.

8. 특수한 마아크

상대편에 특히 뛰어난 선수가 있을 경우, 특별한 마아크를 함으로써 특수한 수비 방식을 취해야 할 때가 있다. 예를 들면, 상대편의 주전 선수에 태클이 강하고 파이터형의 백을 전문으로 붙여 마아크시키는 전법이다.

상대 선수가 그라운드의 어느 지점에 있든 집요하게 달라붙어 제아무리 우수한 선수라도 뜻대로 플레이할 수 없게 한다. 이러한 방법은 결국 자기편 선수를 1명 희생시키는 것이 된다. 상대편의 뛰어난 선수와 아군의 1명이 공동 희생이 되어, 나머지 10명대 10명으로 싸우자는 전법이다.

상대편의 센터 포오워드가 특히 강한 경우에는, 그 선수를 2명이 마아크하는 경우가 있다. 이것을 "더블 스토퍼"라고 한다.

특수한 마아크

기본 전술

시스템

■ 시스템이란

시스템(system)이란, 시합을 할 때 선수들의 배치와 움직임(布陣 또는 隊型)에 대한 기본적인 개념을 말한다. 이러한 선수의 배치는, 시합 때에는 그림으로 포지션을 설명한 것과 같이, 분명하게 보이는 것이 아니다. 얼핏 보면, 서로가 멋대로 달리고 있어 포지션이 없는 것 같이 보인다. 그러나, 기본적인 포진이 근본이 되어 작전과 전황 판단에 따라 움직이고 있는 것이다.

시스템에는 갖가지 종류가 있다. 어떤 시스템을 채용할 것인가는 다음의 조건에 따라 결정한다.
① 자기 팀 선수들의 능력과 구성
② 상대 팀의 능력과 구성
③ 시합 때의 컨디션(날씨, 그라운드의 사정, 시합의 중요성 등)

한가지 시스템을 미리 정하고 그것에 맞는 선수를 기용하려는 것은 잘못이다. 시스템은 팀을 구성하고 있는 주전 멤버의 능력을 최대한으로 발휘할 수 있도록 즉, 그 팀의 특색을 살려 그 팀에 맞는 시스템을 구성해야 한다.

한편, 상대 팀이 어떻게 나올 것인가에 따라, 이쪽의 대책을 강구해야 한다. 따라서, 선수들은 어느 정도, 어떠한 시스템으로도 해 낼 수 있는 올라운드의 능력이 요구된다.

현대 축구에서 가장 전형적인 시스템은 「4 : 3 : 3」포진이다.

이 「4 : 3 : 3」이라는 숫자는 11명의 선수 중, 고울키이퍼를 제외한 10명의 배치를 후방에서 셈한 것이다. 즉,
수비라인────4 명
중반(中盤)────3 명
전선라인────3 명
이 된다.

■ 시스템의 역사

축구의 시스템은 시대와 더불어 변천되어 왔다. 초기에는 「차고 달리는 키킹 앤드 러시」 축구에서 현대의 고도로 조직화된 축구에 이르기 까지의 등장한 시스템 중, 그 일부는 오늘날도 계속 채택되고 있다.

그런데, 1925년 현행의 오프사이드 루울로 개정된 이후의 시스템의 변천을 대략은 알아 둘 필요가 있다.

1. 투우 백 (2FB형)

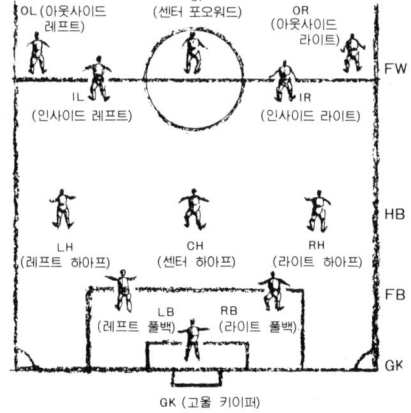

시스템

조직적인 축구의 최초 시스템은, 투우 백 시스템(two back system)이었다. 1930년경 까지는 이 시스템이 가장 일반적으로 쓰이는 포진이었다. 현재도 사용되고 있는 각 포지션의 호칭은 이 투우 백 시스템인 당시의 것들이 기본으로 되어 있다.

이 시스템의 특징은, 2명의 풀백이 조운 수비로 고울 정면의 넓은 장소를 담당한다. 그리고, 센터 하아프는 상대 티임의 중앙 공격진의 3명 (IR, CF, IL의 센터 도리이)을 마아크함과 동시에, 공격 때는 전진하여 패스를 보내는 역할을 해 내는 것이다.

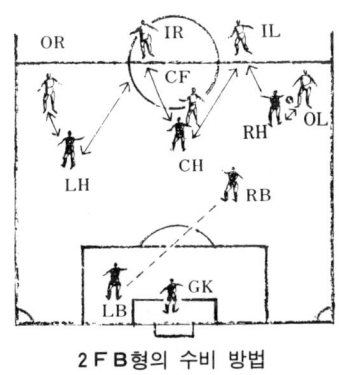

2FB형의 수비 방법

2. WM 포오메이션

2FB형 시대에 센터 포오워드에 강력한 돌파력이 있는 선수가 배치되게 되어, 투우 백 시스템으로는 이를 막아낼 수 없게 되었다. 이에 대처하기 위해, 센터 하아프를 수비 라인에 물러서게 하고, 상대편 센터 포오워드를 전문으로 마아크하게 되었다. 센터 하아프가 센터 백의 위치로 들어간 셈인데, 오늘날에도 이 포지션을 센터 하아프라고 부르는 사람이 많다. 이 시스템은 드리 백 시스템(three back system) 또는 WM포오메이션 이라고 부르고 있다.

WM형이라 부르는 것은 전방의 포오워드(FW)가 5명으로 나란히 대진하기 때문이다.

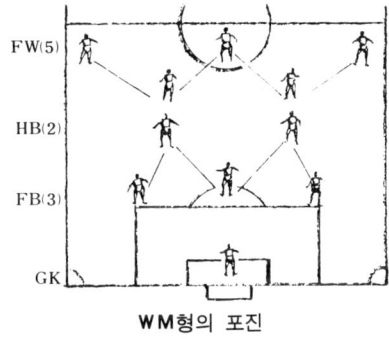

WM형의 포진

1930년경에서 1950년에 걸쳐서는 이 시스템이 가장 일반적으로 사용되었다.

3. 4:2:4의 등장

1958년 월드 컵 축구에서 브라질이 우승한 이래, 브라질이 사용한 4:2:4 시스템은 세계 각지로 널리 보급되었다.

4:2:4형은, 후방의 수비 라인에 4명, 중반에 2명, 전선에 4명의 선수를 배치한다.(그림 참조) 중반의 2명은 공격·수비 양면에서 큰 역할을 하며, 「6명 공격, 6명 수비」의 모양이 된다. 중반을 담당하는 2명에게 걸리는 부담이 매우 크므로, 실제 플레이에서는 전선의 4명 선수 중의

171

기본 전술

1명이 자주 중반에 쳐져, 차안스를 보아 전선으로 전진해 가는 모양이 많았다.

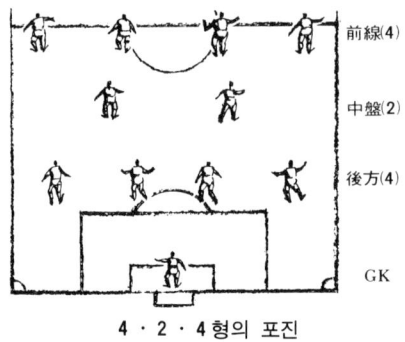

4·2·4형의 포진

4. 현대의 4:3:3

브라질의 4:2:4 시스템이 세계 각지로 보급됨에 따라, 차츰 명확한 4:3:3형으로 발전해 갔다.

1966년 월드 컵에서 우승한 영국은 4:3:3 시스템이었고 다음번 1970년 대회에서는 브라질이 역시 훌륭한 4:3:3 전법으로 우승했다. 그리하여 4:3:3 시스템은 현대 축구의 주류가 되는 경향이 뚜렸해 졌다.

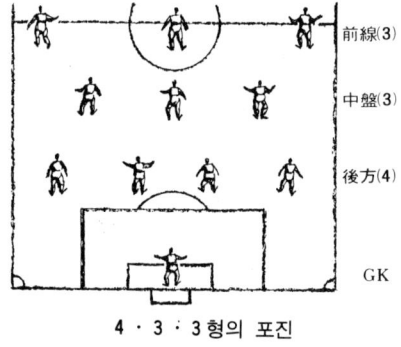

4·3·3형의 포진

4:3:3의 특징은, 수비 라인의 인원수가 공격 전선 플레이어의 인원수보다 처음부터 1명이 많은 것이다. 그러나, 이것은 반드시 시합이 수비적이 되었다는 것을 의미하는 것이 아니라, 자주 전선에까지 돌진하여 공격에 참가한다. 포지션이 상황에 따라 유동적이 되어「전원 공격·전원 수비」경향은 이 시스템에 의하여 더욱 중요시 되고 있다.

5. 갖가지 시스템

현대 축구에서 실제로 사용되고 있는 시스템은 거의가 WM형 또는 4:2:4에서 발전한 4:3:3형에 기본이 되어 있다.

그러나, 사정에 따라 기본적인 시스템을 무시한 특수한 포진을 사용하는 수도 있으며 또, 그 나라에 따라 독자적으로 전통적인 시스템을 즐겨 사용하는 수도 있다. 그러한 예를 들어 보기로 한다.

(1) 스피어 헤드 : 스피어헤드(spear-head)란「창 끝」이란 뜻이다. 강력한 센터 포오워드를 한 사람만 상대 티임의 문전에 고정시켜 두고, 수비를 튼튼히 하며 플레이하다가 느닷없이 반격을 취하는 방법이다.

(2) 투우 톱(4:4:2) : 투우 톱 시스템(two top system)은 공격전선(前線)에 2명을 남겨 두고 수비를 두텁게 하다가 급작스레 속공을 노린다. 4:3:3형으로 1명을 중반(中盤)에 처지게 하는 형으로 바꾸면 4:4:2의 배치가 된다.

(3) 카테나치오 : 1960년대에 이탈리아 팀이 즐겨 구사했던 수비 중심의 포진을 말한다. 맨 투 맨의 수비 라인 배후에 예비 백(스위퍼) 1명을 둠과 동시에 앞쪽에도 1명을 두어 문전 수비를 두텁게 한다. 카테나치오란, 이탈리아어로,「빗장을 걸고 문단속을 한다」는 의미이다.

(4) 스위스 리이겔(볼트 시스템) : 2FB형에서는, 상대의 강력한 센터 포오워드를 막지 못하게 되었을 때, 드리이 백(WM형)과 달리 스위스에서 고안해 낸 시스템이다. 리이겔(영어로는 볼트)이란「문을 닫는다」「문고리를 건다」라는 의미로, 수비를 튼튼히 하는 것을 뜻한다. 수비의 장면에서는, 2FB형의 2명의 풀백 중 1명이 상대편의 센터 포오워드를 빈틈없이 마아크하고, 다른 1명은 그 배후에서 예비의 백(스위퍼) 모양으로 조운을 수비하게 된다.

공격할 때, 센터 하아프가 전진하여 전선의 선수들을 리이드하는 것은 2FB 시스템과 마찬가지이다.

■ WM형의 포인트

오늘날, 톱 레벨의 축구는 거의 4:3:3을 바탕으로 한 시스템이 되었지만, 일반적으로 WM포오메이션도 널리 쓰여지고 있다.

WM형은 4:3:3등의 비교적 새로운 시스템에 비하면, 포지션의 지역적인 분담이라는 개념이 강하다. 물론, 전원 공격, 전원 수비라는 축구의 기본적인 원칙은 WM형에서도 지켜져야 하며, WM형에서도 백의 공격 참가를 시도하는 수가 있다. 그러나, 4:3:3을 기본으로 한 축구에 비하면 포지션의 유동성은 적다.

WM형에서는 맨 투 맨의 마아크에 의한 수비가 원칙이다. W형에 배치된 5명의 포오워드에 대응하여, 후방 수비진이 M형으로 포진한다.

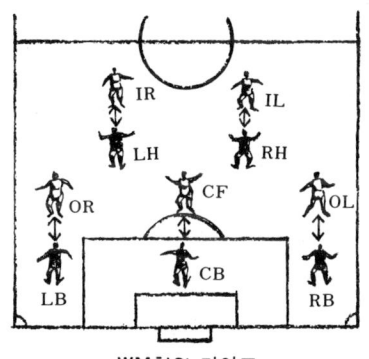

WM형의 마아크

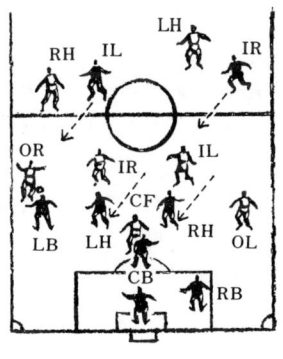

WM형의 공격과 수비

중반을 담당하는 것은 포오워드 가운데 인너(인사이드 포오워드) 2명과

기본 전술

수비 가운데 하아프 백 2명을 합친 4명으로, 각기 중반에서의 공격적 역할과 수비적 역할을 주로 담당한다.

따라서, WM형의 배치를 4 : 3 : 3 시스템과 같이 숫자로 표시하면 3 : (2, 2) : 3이 되는 것이다.

WM형의 각 포지션의 역할은 다음과 같다.

1. 수비 라인

양 사이드의 풀백은 상대 팀 포오워드의 양 윙을 각각 마아크한다. 보올 가까이에 있는 풀백은 밀착 마아크를, 멀리 있는 풀백은 조운 수비 태세를 취한다. 센터 하아프(센터 백이라고도 한다)는 상대 팀의 센터 포오워드를 마아크한다.

2. 중반(中盤)

하아프 백 2명이 수비적인 중반 플레이어로서 상대 팀의 인사이드 포오워드를 마아크하면서 넓게 움직여 상대의 공격을 차단한다. 공격의 경우에는 전진하여 포오워드를 지원한다.

포오워드 5명 가운데 인사이드 포오워드 2명은 공격의 기점이 되어 문전까지 달려들어 슛을 한다. 그리고, 수비의 국면으로 접어들면 하아프 백과 합세하여 수비벽을 두텁게 친다.

3. 전선(前線)

양 날개인 윙에는 발재간이 뛰어나고 발이 빠른 선수를 기용한다. 그리하여 상대 팀의 수비진을 뚫고 문전으로 보올을 넘겨 슈팅 차안스를 만들어 준다. 그리고, 반대쪽 사이드에서 문전으로 넘겨 준 보올에 재빨리 달려들며 슛을 노린다.

중앙의 센터 포오워드는 슛을 하여 득점을 노리는 것이 주요한 임무이다. 또, 좌우로 움직이며 상대 팀의 수비들을 유인해 냄으로써 다른 선수에게 슈팅 차안스를 만들어 주기도 한다. 센터 포오워드는 체격과 슈팅력이 좋은 선수가 많다.

■ 4 : 3 : 3의 포인트

현재, 국제 수준급 축구에서는 WM형의 포진은 전혀 사용되고 있지 않다. 대부분이 주로 4 : 3 : 3 계통의 시스템을 사용하고 있는데, 이것은, 전원 공격, 전원 수비가 철저하며 유동적인 포지션으로, 어디에서든 공격해 오는 축구에 있어서는 지역적 분업의 경향을 벗어나지 못하는 WM형으로는 대항할 수 없기 때문이다.

4 : 2 : 4형 또는 4 : 4 : 2형으로 불리우는 시스템은, 4 : 3 : 3과 같은 계통에 속하는 것이다. 따라서, 시스템의 기능면에서 보면 공통점이 많다. 여기서는 4 : 3 : 3형을 중심으로 설명하기로 한다.

이 계통의 시스템을 잘 구사하려면, 보올 콘트롤이 정확하고 1대 1의 개인기에 뛰어난 플레이어들을 고루 확보하는 것이 요구된다. 또 격심하게 넓은 범위를 움직일 수 있는 스피이드와 체력을 갖추어야 한다. 그리고, 「누구나 어떤 포지션」에서도 감당할 수 있는 올라운드 플레이의 능력이 더욱 요구되는 것이다.

시스템

4 : 3 : 3 계통의 시스템에서는 백 라인 선수의 공격 참가가 매우 큰 역할을 해 내고 있다. 백 라인의 플레이어가 수시로 최전선까지 나가 패스나 슛을 하여 그 구멍을 메꾸어 준다.

1. 수비 라인

최종 수비 라인의 수비법은, 맨 투 우맨을 기본으로 하는 수비법과 조운 디펜스에 의한 수비법의 두 종류가 있다. 상세한 설명은 뒤에서 하기로 하고, 그 어느 것이든 4 : 3 : 3 시스템을 사용하는 팀끼리의 시합에서는, 수비 라인의 백의 인원수가 상대편의 전선 플레이어보다 많아진다.

맨 투 맨을 기본으로 한 수비법에는 이 여유있는 백이 스위퍼가 된다.

4 · 3 · 3 끼리의 대전
(백 1명이 남는다)

4명의 수비자 가운데 중앙의 2명은, 체격이 좋고 헤딩에 강한 선수가 대항하는 것이 보통이다. 양쪽 사이드의 풀백 2명은 태클이 강할뿐 아니라, 발이 빠른 잽싼 타입이 좋다.

현대 축구에서는, 4명의 백 가운데 아무라도 차안스가 있으면 전선으로 진출하여 적극적인 공격에 참가한다.

2. 중반(中盤)

중반의 플레이어를 수비와 공격을 이어주는 사람이라는 의미로, 링크맨 (linkman) 이라고 부른다. 링크맨 3명은 수비적(후방) 링크맨과 경기를 결합하는 링크맨, 공격적(전방) 링크맨의 세 타이프로 나누어 생각할 수 있다.

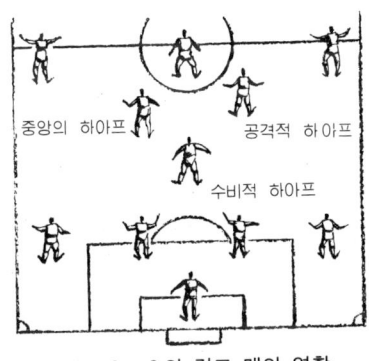

4 · 3 · 3의 링크 맨의 역할

수비적 링크맨은, 3명의 링크맨 중에서도 수비에 강한 플레이어가 담당한다. 게임을 결합시키는 링크맨은, 게임 메이커로서 공격의 결합을 담당한다. 공격적 링크맨은, 중반에서 전선에 걸쳐 광범위하게 움직여, 센타 포오워드가 움직인 빈자리로 달려 들어가 슛을 노린다. 제 4의 포오워드라고도 말하며, 슈팅력이 좋은 플레이어가 담당한다.

기본 전술

이 3명의 선수에는 각각 특징있는 선수를 기용하며, 또 이들 3명은 다같이 공수 양면의 역할을 해 낼 수 있어야 한다.

3. 전선(前線)

포오워드의 3명은 센터 포오워드와 양쪽 윙이다. 스트라이커라고 부르며, 상대방의 수비 라인을 돌파하고, 고울을 따내는 것이 주요 임무이다.

이 3명은 좌우로 크게 달려가 상대방 수비를 유인하여 후방으로부터 아군이 공세의 페이스를 만들도록 움직인다.

윙은 터치 라인을 꽉 차게 벌려, 플레이를 전개하기 쉽도록 유념하는 것이 중요하다.

■ 수비 라인의 수비법

후방 수비 라인의 수비법에는, 맨 투우 맨을 기본으로 수비하는 방법과 조운 디펜스로 수비하는 방법이 있다. 4 : 3 : 3 시스템의 경기에서는, 백 라인의 플레이어의 인원수는 상대편 전선 플레이어의 인원수보다 1명 많은 것이 보통이므로, 이 경우에 맨 투우 맨으로 수비하면 배후의 플레이어가 1명 남는다. 이 여유있는 플레이어는, 스위퍼로서 구실을 한다. 따라서, 4 : 3 : 3의 시합에서는 수비 라인의 수비법으로서, 맨 투우 맨 디펜스에 특정한 상대를 갖고 있지 않은 스위퍼가 가담한 수비 체형이 일반적으로 쓰여진다. 남미 여러 나라에서는 주로 조운 디펜스가 사용되고 있다.

1. 맨 투우 맨의 수비

WM포오메이션에서의 수비 라인은 원칙적으로 맨 투우 맨이다. 백 라인의 플레이어는, 시합 중 항상 마아크해야 할 특정한 상대편 선수를 갖고 있다. 4 : 2 : 4 시스템의 시합에서도 맨 투우 맨의 수비 라인을 채용하면 같은 것이다. (요컨대, 상대 팀이 맨 투우·맨 디펜스를 채용하는가, 조운 디펜스를 채용하는가에 따라 대응책이 달라진다.)

맨 투우 맨의 수비의 원칙은, 이제까지 되풀이하여 설명해 왔다. 간단히 정리하면 다음과 같다.

① 보올에 가까운 쪽은 상대방에 접근하고, 먼 사이드는 마아크를 제치고 조운 방식으로 커버한다.

② 우군이 뚫리면 가까이 있는 사람이 대신하여 마아크한다. 이 경우에는 자기가 담당하고 있던 상대를 방치하더라도 위험한 상대에 맞붙어, 보올에서 먼 쪽의 상대를 비교적 자유롭게 한다.

위험한 상대를 수비한다.

③ 수비측의 인원수가 적어져, 2대 1 또는 3대 2와 같은 케이스가 되면, 상대의 전면 조운을 차단하여, 우군이 되돌아오는 시간을 벌도록 한다. (「티임의 전술」 중 「수비의 전술」 p 167 참조)

2. 스위퍼 시스템

스위퍼(sweeper)란, 「청소부」란 뜻으로 맨 투 맨의 수비라인 배후에 있다가 수비의 흩어짐을 커버하는 역할을 했었다. 그러나, 오늘날의 스위퍼는, 그러한 수비를 공고히 하는 소극적인 구실이 아니라 적극적으로 중반 또는 전선에도 진출하여 공격을 리이드하는 구실을 하게 되었다. 따라서, 스위퍼라는 영어보다는 이탈리아어의 리베로(Libero=자유스러운 사람) 라는 쪽이 이 포지션을 적절하게 표현한 것이라 할 수 있다.

기도 하고 또는 수비 라인보다 앞으로 나아가는 등 상황에 따라 위치를 바꾼다. (앞 그림) 스위퍼로서는 체격이 좋고 개인기가 뛰어나며, 판단력이 좋고 경험 또한 풍부한 선수가 아니면 안된다.

스위퍼를 두었을 경우에는, 수비 라인은 비교적 상대방에게 바싹 따라 붙어 마아크하는 것이 보통이다. 따라서, 스위퍼가 앞에 나가 있을 경우에는 누군가가 대신 스위퍼의 포지션으로 들어가거나 역 사이드가 쳐진 두터운 수비 라인을 만들어야 한다.

스위퍼의 역할에는 다음과 같은 것이 있다.

① 수비 라인을 지휘한다.
② 드로우 패스를 차단한다.
③ 우군이 빠져 나간 뒤쪽을 커버한다.
④ 뒤쪽에서 튀어나온 상대를 마아크한다.
⑤ 공격에 참가한다

3. 조운에 의한 라인

조운 디펜스의 수비 라인에서는 4

스위퍼의 수비의 예

스위퍼는 언제나 수비 라인의 배후에 위치하는 것 만은 아니다. 경우에 따라서는 다른 수비 선수와 나란히 서

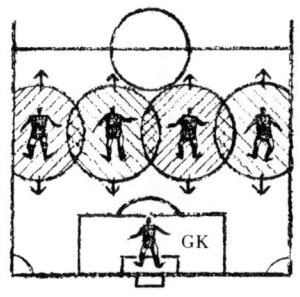

조운 디펜스
(4명의 백이 지역을 담당한다)

기본 전술

명의 수비진이 거의 가로 일선에 나란히 하고, 자기 진영 고울에서 하아프 라인에 걸친 피일드를 4개의 조운 (지역)으로 분할하여 수비하고 있다.

맨 투우 맨의 수비에서는, 자기가 마아크를 담당하고 있는 상대가 달리는 곳에는 원칙적으로 따라 붙는데, 조운 수비법에서는 자기가 분담하고 있는 지역에 들어온 상대는 누구이든 간에 마아크하며, 담당 지역에서 빠져나간 상대는 추격하지 않는다.

예를 들면, 상대편 레프트 윙이 포지션을 바꾸어 라이트 윙의 위치로 빠지는 경우, 맨 투우 맨 마아크에서는 라이트 풀백이 왼쪽 사이드까지 따라붙어 수비하지만, 조운 디펜스에서는 마아크를 우군에게 인계하고, 왼쪽 사이드에 들어온 레프트 윙은 레프트 풀백이 대신 담당하여 수비하게 된다.

이 수비 방법에서는, 플레이어는 너무 깊은 수비벽을 만들지 않고, 가로 일선에 가까이 나란히 한다. 이 수비 라인의 한 가지 큰 무기는, 오프사이드 트랩(off-side trap : 상대를 고의로 오프사이드로 유인하는 플레이)이다. 상대가 앞으로 패스를 보내려고 할 때 이러한 얕은 수비 라인이 일제히 앞으로 대시하여, 상대를 오프사이드 반칙으로 만든다. 그래서, 이 수비법은 오프사이드 디펜스 또는 라인 디펜스라고도 부른다

조운에 의한 수비 라인에는 다음과 같은 기능과 특징이 있다.

① 맨 투우 맨 수비

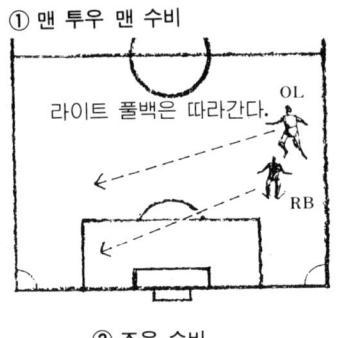

라이트 풀백은 따라간다.

② 조운 수비

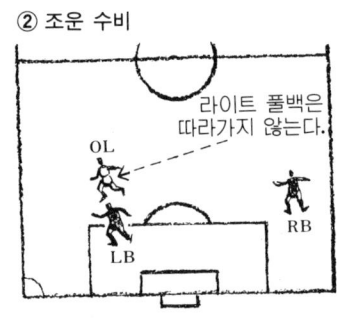

라이트 풀백은 따라가지 않는다.

① 4명의 백은 옆의 선수와 서로 커버하면서 수비한다. 따라서, 1명이 보올을 키이프하고 있는 상대를 향해 있을 때는, 그 안쪽에 있는 선수는 약간 처지는 위치에서 대기하여 우군이 뚫렸을 경우에 대비한다.
② 상대편 전선의 선수가 3명일 때, 아군은 4명 가운데 어느 한 명은 자유롭기 때문에 여유를 갖고 커버할 수가 있다.
③ 포지션 체인지를 하여 공격해 오는 상대는, 마아크를 우군에게 인계하면서 수비한다. 따라서, 상대편 움직임에 이끌려 수비가 치우칠 염려가 없다 (수비가 한쪽으로 치

우치면, 상대가 후방에서 공간 장소로 대시하여 공격할 위험이 있다.)
④ 4명 가운데, 누구나 같은 라인에서 공격 참가를 위해 재빨리 달려들 수가 있다.

아웃 오프 플레이 부터의 전술

■ 중단 후의 재개는 신속히

시합 중에 플레이가 중단되는 수가 있다. 이것을 아웃 오브 플레이(out of flay)라고 하는데 예를 들면, 보올이 경기장 밖으로 나가거나 반칙이 생기거나 고울인 되었을 때 등이다. 그리하여, 아웃 오브 플레이가 된 다음에는 정지한 상태로부터 플레이가 재개된다. 즉, 고울킥, 코오너 킥, 프리이 킥, 드로우인, 킥오프 등이다.

이런 때, 공격측은 미리 계획된 방법에 따라 공격할 수가 있다. 그러니만큼 수비측은 재빨리 그리고 신중하게 플레이 하지 않으면 안된다. 이러한 정위치로부터의 공격 플레이의 성공율은 매우 높다.

이러한 경우의 원칙은, 무엇보다도 공격측의 신속한 동작이 요구된다. 보올 가까이에 있는 선수가 재빨리 보올을 차려고 할 때 우군들이 우물쭈물 시간을 끄는 경우가 있는데, 오히려 수비측에게 재정비할 여유를 주는 결과가 되고 만다.

■ 코오너 킥부터의 공격

코오너 킥이 직접 득점으로 연결되는 비율은 100회에 5회 즉, 20대 1 정도에 불과하지만, 차안스를 만드는데는 그지없이 좋은 킥이다.

코오너 킥에서의 공격은 3~5 종류의 방법을 철저히 익혀 두는 것이 좋다. 그러면, 실전에서 계획대로 직접 고울인시키지 않더라도 충분히 득점과 연결시킬 수 있는 차안스를 만들어 낼 수 있는 것이다.

1. 숏 코오너 킥

코오너 킥의 경우 자기편은 보올 가까이 접근할 수 있지만, 상대편은 9.15m 이상 떨어져야 한다는 규칙을 활용한다. 한 선수가 고울 라인 위에 서서 코오너 킥된 보올을 잡는다. 키커는 보올을 참과 동시에 그라운드 안으로 들어가되, 돌아오는 보올을 잡아 드리블을 하여 슛을 노린다든가 반대쪽 사이드로 넘겨 차안스를 만들수 있다.

숏 코오너 킥

기본 전술

2. 롱 코오너 킥

직접 공중 보올로 고올의 정면에 띄우는 경우가 많은데, 평범하게 띄우면 고올키이퍼가 잡아내고 만다. 그렇게 하지 않기 위해서는 다음과 같은 몇 가지 훈련이 필요하다.

(1) 초보적인 원칙 : 고올 에어리어를 약간 벗어난 반대쪽 사이드로 찬다.

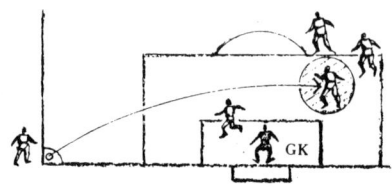

코오너 킥에서의 공격
키이퍼 안쪽에 1~2명이 서고, 다른 선수들은 페널티 에어리어의 반대쪽에 흩어져 각각 자리잡는다.

(2) 헤딩으로 넣게 한다 : 반대쪽 사이드 멀리 날려 보냄으로써 헤딩에 의한 2~3단계 슛을 감행한다.
(3) 크로스 바아를 스치듯이 노린다 : 보올에 커어브를 걸어 크로스 바아를 약간 스칠 정도로 찬다. 직접 고올인 시키는 방법이다.
(4) 상대를 유도하는 움직임 : 한 사람이 헤딩을 할듯이 달려감으로써 상대편 수비를 유인하면, 뒤쪽에 바치고 있던 다른 사람이 달려들어 슛하는 등의 포오메이션을 사전에 정해둔다.

■ 코오너 킥에 대한 수비

코오너 킥에 의하여 공격을 받을때는 우선 심리적 압박이 크므로, 수비 자세가 흐트러지기 쉽다. 그러나, 플레이가 일시 중단되는 것인 만큼 그 틈을 타서 수비의 지휘자가 재빨리 적절한 지시를 하여 냉정을 되찾지 않으면 안된다.

① 고올키이퍼는 고올 에어리어 안에서는 물론 높이 뜬 보올은 반드시 잡는다는 마음가짐이 필요하다. 다른 선수는 고올키이퍼에게 방해가 되지 않도록 주의한다.

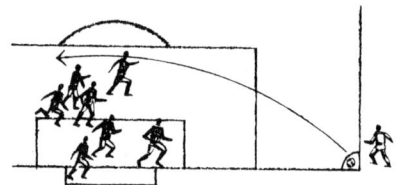

코오너 킥에 대한 수비
반대쪽 고올 포스트 앞에 고올키이퍼가 가까운 쪽 고올 포스트 안에는 풀백 1명이 들어선다. 그 밖의 선수들은 먼 고올 에어리어 부근을 중심으로 수비하며 상대방을 마아크한다.

② 헤딩이 강한 상대는 특별히 마아크 해야 한다.
③ 뒤쪽에서 상대 티임의 하아프 백, 스위퍼 등 키 큰 선수가 공격해 들어올 것에 대비하여 철저히 마아크 한다.
④ 상대의 움직임에 현혹되지 않도록 정해진 위치를 지키고 있다가 킥이 된 다음에 움직인다.
⑤ 우군이 보올을 뺏으면 재빨리 공격 태세를 갖춘다.
⑥ 고올키이퍼가 뛰어나온 뒤쪽 고올은 반드시 커버한다.

아웃 오프 플레이부터의 전술

■ 프리이 킥부터의 공격

프리이 킥이 득점으로 연결되는 경우는 매우 많다. 중요한 점은 반칙된 순간에 팀 전원이 재빨리 스타아트하여 상대편이 수비 태세를 정비할 여유를 주지 않고 공격하는 것이다.

프리이 킥(free kick)은 상대편 선수의 반칙 방법에 따라 두 종류가 있다.

직접 프리이 킥은 상대편 고울에 프리 킥으로 직접 차 넣어도 좋은 것으로, 페널티 에어리어 안에서는 페널티 킥이 된다.

간접 프리이 킥은 키커가 찬 보올이 한 번 다른 플레이어에 접촉되지 않으면 안되며, 그대로 고울에 들어가도 득점이 되지 않는 것이다. 심판이 한쪽 손을 높이 들어 올렸을 때는 간접 프리이 킥이다.

간접 프리이 킥일 때도 보올 가까이에 2명이 서서, 짧게 우군에게 넘겨서 차면 직접 프리이킥과 별다른 차가 없다. 다만, 페널티 에어리어 안에서도 페널티 킥이 되지 않을 뿐이다.

1. 중반의 프리이 킥

중반보다 후방의 프리이 킥은 상대방이 이쪽의 속공 차안스를 차단하려고 반칙했을 때에 많이 생긴다. 그러므로, 상대편이 반칙에 의해 오히려 득을 보는 일이 없도록 중반에서의 프리이 킥 차기는 신속히 감행하여 속공을 멈추지 않도록 하는 것이 효과적이다.

2. 수비벽에 대한 공격

페널티 에어리어의 주변 고울로 부터 20~25m 떨어진 지점의 프리이 킥은 득점으로 연결시킬 수 있는 차안스가 된다. 상대 팀의 수비벽에 대한 공격 포오메이션을 몇 가지 익혀두어야 한다. 킥의 기교에 능한 선수와 슈팅력에 강한 선수가 잘 결합하여 갖가지 형태의 공격을 펼칠 수가 있다. 몇 가지 예를 들기로 한다.

고울 포스트와 크로스 바아의 기둥의 직경은 12cm, 고울 키이퍼가 수비하는 범위의 양쪽에 1.5m 정도의 공간이 남는다. 이곳으로 슈팅을 하게되면 막기가 힘든다.

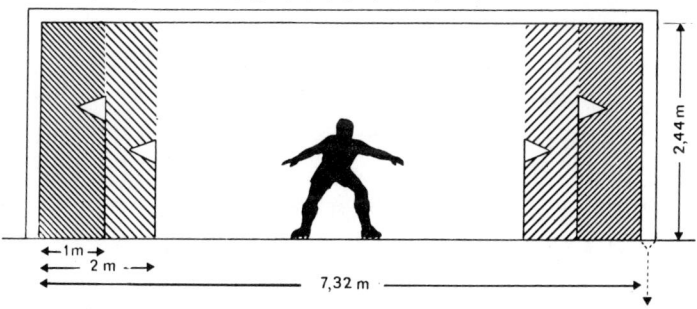

기본 전술

(1) 강 슈터가 직접 찬다 : 상대편 수비벽에 구애되지 말고 강 슈터에 직접 고울과 연결시키도록 한다. 처음으로 맞붙게 된 상대 티임에게는 무엇보다 다이렉트 슛이 효과적이다. 고울이 되지 않더라도 위협감을 주는 데는 충분하다. 그 다음의 차안스에는 그러한 위협감을 살려 상대편의 허를 찌르는 공격법을 펼 수 있다.

(2) 수비벽의 머리 너머로 올린다 : 한 선수가 보올을 차는척 하면서 수비벽 뒤쪽으로 뛰어 들어간다. 그와 동시에 다른 한 선수가 머리 너머로 보올을 넘겨 주면 뛰어 들어갔던 선수가 되받아 슛한다.

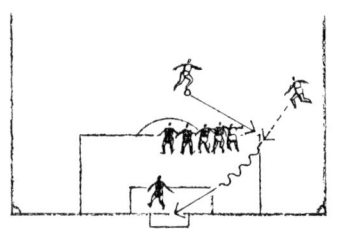

바깥 수비벽을 돌아 달려 들어간다.

(4) 사이드에서 되받는다 : 반대쪽 사이드로 멀리 밀어 주고 달려 들어가 헤딩 등으로 되돌려 보내는 보올을 받아 넣는다.

이 경우에 오프사이드가 되지 않도록 주의해야 한다.

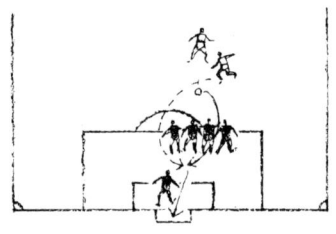

차는척 한 뒤 달려 들어간다.

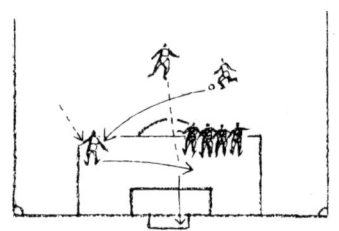

사이드에서 달려 들어간다.

(3) 수비벽의 바깥쪽에서 뛰어 든다 : 직접 차는척 하다가 보올을 수비벽의 바깥쪽으로 밀어 주면, 대시가 빠른 다른 한 선수가 비스듬히 달려 들어 슛한다. 반대로, 미리 수비벽의 바깥쪽에 우군을 세워 두어 수비의 촛점이 흐려지는 틈을 타서 직접 슛한다.

■ 프리이 킥에 대한 수비

프리이 킥을 빼앗겼을 때의 수비법에는 다음 두 가지 방법이 있다.

1. 고울에서 먼 때

고울에서의 비교적 먼 거리이므로, 직접 고울인 될 걱정이 없을 때는 각자가 마아크해야 할 상태를 확인하여 수비의 원칙대로 위치를 잡는다. 이 경우, 상대방의 문전에 띄우는 로빙 보올에 의한 직접 공격과 프리이 킥에서 일단 반대쪽 사이드로 보냈다가 속공을 노리는 것에 각별히 유의해야 한다.

2. 수비벽을 만들어 대처한다

페널티 에어리어 주변에서 직접 고울인 시키려 들 때는 여러 명의 어깨를 나란히 하고 늘어서서 수비벽을 만든다. 벽을 만드는 방법은 평소부터 정하여 연습해 둔다.

벽은 루울에 따라 보올에서 9.15m이상 떨어져 만든다. 가까이에서 벽을 만들면 심판에 요구하여 벽을 물러서게 할 수가 있으므로, 처음부터 정해진 거리에서 착실한 벽을 만들도록 한다.

벽을 만들 때는, 서로가 너무 바싹 붙어 고울키이퍼의 시야를 가리지 않도록 한다. 고울키이퍼가 뒤에서 지시하여 바르게 짜여져 있는가를 점검한다.

(1) 사이드에서의 FK에 대한 수비벽
코오너 가까이에서의 프리이 킥에 대한 수비벽은, 고울을 막는듯이 2명이 비스듬히 나란히 서고, 고울키이퍼는 먼 쪽 고울포우스트 앞에서 보올을 살필 수 있는 위치를 잡는다.(그림참조) 그밖의 플레이어는 각각 상대편 선수를 1명씩 마아크한다. 반대쪽 사이드로 패스하는 것을 특히 경계해야 한다.

(2) 정면에서의 FK에 대한 수비벽 만드는 법(1)
5～6명이 고울 라인과 평행하게

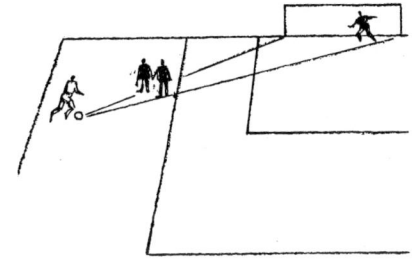

사이드에서의 프리이 킥에 대한 수비벽

수비벽을 만들어, 수비벽의 가운데를 비워 두고, 고울 양쪽을 커버하도록 한다. 고울키이퍼는 벽 사이로 보올을 지켜 본다. 이 경우, 수비벽의 양쪽 끝 선수의 안쪽 어깨가 고울포스트와 보올을 잇는 선 위에 오도록 늘어선다.

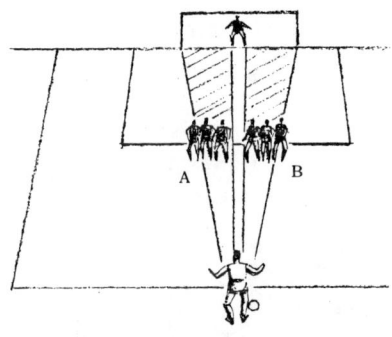

정면에서의 프리이 킥에 대한 수비벽 (1)

(3) 정면에서의 FK에 대한 수비벽 만드는 법(2)
고울의 거의 3분의 2를 커버할 수 있도록 6～7명이 나란히 늘어서

기본 전술

며, 고울키이퍼가 나머지 부분을 커버한다. 이 경우에도 수비벽의 맨 바깥쪽, 선수의 안쪽 어깨가 고울 포스트와 보올을 잇는 선 위에 오도록 서야 한다.

수비벽을 만드는 법은 이상과 같은 두가지가 있으나, 고울키이퍼가 가장 수비하기 수월하도록 만드는 것이 포인트이다.

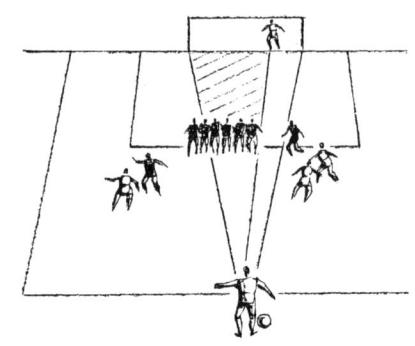

정면에서의 프리이 킥에 대한 수비벽 (2)

제 5 장 여러가지 연습

축구를 위한 체조

■ 체조는 처방이 중요하다

 축구에서 개인의 체력이나 보올 콘트롤을 향상시키는 연습은 90%까지 보올을 사용하여 하도록 하며, 보올에 익숙해지는 것이 그 첫걸음이라고 할 수 있다. 보올 다루기를 빼놓고 근육을 기르고 스태미너를 왕성하게 하는 트레이닝만 해서는 효과가 없다.
 그러나, 보올 다루기를 충분히 연습한 뒤에는 보올과 관계없이 체조와 트레이닝을 해야 하는 것만은 사실이다. 웨이트 트레이닝(weight training)으로 근육을 단련함으로써 플레이가 한층 활기차게 되어 다이내믹해진 선수도 많다.
 그러나, 체조나 메디신 보올(medicine ball ; 연습용으로 약간 무거운 보올)을 사용하여 트레이닝을 할때는 코우치의 세심한 주의와 계획이 요구된다. 마치 의사가 환자의 증세에 따라 처방을 달리하는 경우와 마찬가지로서, 처방을 잘못하면 그 약이 해가 된다. 잘못된 트레이닝으로 말미암아 근육이 손상하여 돌이킬 수 없는 고장을 일으키는 예도 있다.
 여기에서 축구 선수에 도움이 되는 체력의 단련과 컨디션을 조절할 수 있는 간단한 체조에 대하여 알아보기로 한다.

여러가지 연습

■ 순발력을 기르는 체조

(1) 한 사람은 엎드리고 다른 한 사람은 양발로 점프하여 뛰어 넘었다가 즉시 배 아래로 기어 나온다. 이렇게 10여 차례 계속한 뒤 서로의 역할을 바꾼다. (그림 1 -①)
(2) 한 사람이 양 다리를 벌리고 서서 목을 앞쪽으로 구부린다. 다른 한 사람은 상대방의 어깨에 손을 댄 채 뜀틀 뛰기로 뛰어 넘어, 즉시 발 사이로 기어 나온다. (그림 1 -②)
(3) 섀도우 복싱(shadow boxing) : 두 사람이 마주 보고 복싱을 하듯이 움직이며 한다. 정말로 때리지 않도록 한다.
(4) 파이팅 쿡(fighting cook) : 두 사람이 마주보고 서서 점프하여 가슴과 가슴을 맞부딪치다. (그림 1 -③)
(5) 섀도우 러닝(shadow running) : 두 사람이 앞뒤로 서고 앞의 한 사람이 갖가지 러닝을 한다. 대시도 하고 천천히 뛰다가 급히 멈추기도 하며, 지그재그로 페인트나 점프를 하기도 한다. 그러면, 뒤에 선 사람은 앞사람과 일정한 간격을 유지하며 똑같이 흉내낸다.
(6) 섀도우 드리블링(shadow dribbling) : 두 사람이 보올을 각각 하나씩 가지고 앞뒤로 선다. 앞 사람이 페인트나 대시 또는 급정지를 하면서 드리블해 나간다. 뒤에 선 사람은 앞 사람과 일정한 간격을 유지하며 똑같이 흉내내면서 드리블 한다.

그림 1 순발력을 기르는 체조

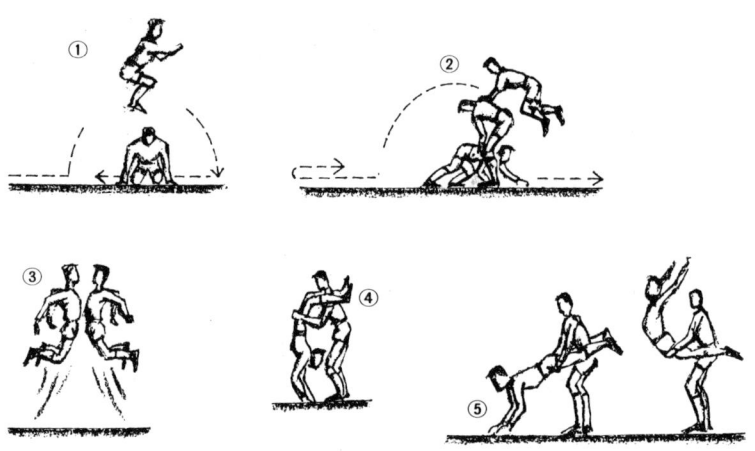

■ 근육 단련을 위한 체조
(1) 물구나무 서기의 팔 굽혔다 펴기
 : 2명이 1조가 되어, 한 사람은 물구나무를 서고 다른 한 사람은 물구나무선 사람의 발을 어깨 위에 짊어진다. 이런 자세로 물구나무서기를 한 사람은 팔을 굽혔다 폈다 한다. (그림 1-④)
(2) 안아 올리기 : 2명 1조가 되어, 한 사람은 엎드려 뻗쳐의 자세를 취하고, 다른 한 사람은 그의 발을 자기 허리에 감고 팔로 싸 안아 올린다. 안긴 사람은 먼저 손으로 땅을 힘껏 짚으며 올라갔다가 공중에서 양팔을 크게 벌리고 몸을 뒤로 젖힌다. (그림 1-⑤)
(3) 고작 댄스(cosague dance) : 손을 허리에 댄 채 웅크리고 앉아 점프하면서 양팔을 번갈아 전후 좌우로 내 뻗는다.
(4) 개구리 뛰기 : 양손으로 허리를 짚은채 웅크리고 앉아, 점프하면서 전진과 후퇴를 번갈아 한다.
(5) 복근의 단련 : 양다리를 앞쪽으로 뻗고 주저 앉는다. 그리고는 발끝을 한데 모은 채 무릎을 굽히지 말고 15cm 정도 위로 올린다. 양손을 옆으로 벌려서 양발이 떨어지지 않게 하면서 발끝으로 지름 30cm 정도의 원을 그린다. 또, 발을 올린채로 오금을 오므렸다 폈다 한다.

■ 8종목의 체조
순발력과 근육을 기르는 체조로서 보올을 찰 여유가 없을 때나 짧은 시간을 이용하여 이 체조를 하면 컨디션 조절도 가능하다. 각 종목을 10회에서 최대한 30회 정도 되풀이하여 행한다. 각 종목과 종목 사이에 휴식을 하지 않고 행한다.
 점프는 계속 뛰는 것이 아니라, 1·2·3의 리듬으로 점프와 점프 사이에 2박자의 리듬을 잡는다.
① 점프하여 양다리를 앞뒤로 크게 벌린다.
② 엎드려 뻗쳐를 한다.
③ 점프하여 양무릎을 가슴에 댄다.
④ 앉아서 V자형의 자세를 취하고 양다리를 좌우 번갈아 아래 위로 움직인다.
⑤ 점프하여 양다리를 뻗고 앞으로 벌려 앞으로 뻗은 손 끝에 마주 대듯이 한다.
⑥ 앉아서 V자형 자세를 취하고, 보오트를 젖는것과 같은 동작을 한다.
⑦ 웅크리고 앉은 자세에서 점프하면서 헤딩 포옴을 취한다. 땅에 내릴 때는 다시 웅크린다.
⑧ 앉아서 V자형 자세를 취하고, 양다리를 좌우로 교차시킨다.

■ 메디신 보올을 사용하는 체조
 메디신 보올은 트레이닝을 하기 위하여 만든 보올로 약간 무겁다. 반드시 메디신 보올을 사용해야 하는 것은 아니며, 찢어진 보올속에 헝겊 따위를 뭉쳐 넣으면 상당히 무거운 보올이 된다.

여러가지 연습

그림 2 8종목의 체조

 축구에 필요한 근력을 기르는 데는 너무 무거워도 좋지 않다. 사용하는 선수가 손으로 들었을 때 약간 무겁다고 느낄 정도 즉 4kg 전후가 좋다.
 보통의 축구공을 사용하여 다음과 같은 체조를 하기도 한다. 아뭏든, 보통 체조보다 약간 세찬 듯한 느낌의 체조이므로 효과적이다.

① 드로우인을 하듯이 양손을 사용하여 머리 너머로 보올을 던진다. 두 사람이 마주 보고 하거나 일렬로 서서 한 사람이 뒤로 넘긴다. (그림 3-①)
② 양다리 사이에 보올을 끼우고 뛰어 오르는 즉시 상대에게 던져 보낸다. (그림 3-②)

축구를 위한 체조

③ 누워서 양손을 머리 위로 뻗쳐 보올을 잡고 있다가 일어나는 반동으로 보올을 내던진다. (그림 3 -③)

④ 누워서 다리를 구부린다. 날아오는 보올을 발바닥으로 차서 되돌려 보낸다. (그림 3 -④)
(③과 ④를 결합하여 한 사람은 일어나는 반동으로 던지고 한 사람은 발바닥으로 차낸다)

⑤ 두 사람이 마주 향하고 페인트를 구사하며 상대방이 잡으러 오는 곳에 높게 혹은 낮게 던지되, 서로 보올을 땅에 떨어뜨리지 않도록 한다.

⑥ 두 사람이 서로 던지되 상대방이 점프하여 받아 낼 수 있는 높이로 던진다.

⑦ 등과 등을 맞대고 서서 양손으로 보올을 잡고 머리 위로 넘기고, 다음에는 양다리 사이로 넘겨 준다. (그림 3 -⑤)

⑧ 등과 등을 맞대고 50cm 떨어져 서서, 몸 옆으로 보올을 넘겨 준다. 오른쪽으로 넘기면 상대방도 충분히 허리를 비틀어 오른쪽에서 받도록 한다. (그림 3 -⑥)

⑨ 두 사람이 마주 엎드려 가슴을 뒤쪽으로 젖히고, 보올을 머리 너머

그림 3 메디신 보올을 사용하는 체조

여러가지 연습

로 던지고 받고 한다. 거리는 보올의 무게에 따라 조절하고, 보올의 높이는 상대방의 가슴을 젖힌 자세에서 받을 수 있도록 한다.
⑩ 두 사람이 마주 향해 서고, 이마와 이마 사이에 보올을 끼운다. 그리고는 보올이 떨어지지 않도록 무릎을 구부렸다 편다.
⑪ 등을 마주 대고 약산 떨어져 서서 처음에는 보올을 양다리 사이에 놓고 그것을 들어 머리 너머로 상대방에게 던진다.
⑫ 머리 위로 보올을 들어 양 다리를 벌리고 서서, 뒤편 상대방에게 보올을 양다리 사이에서 던진다. 보올이 땅 위를 구르지 않도록 한다.
⑬ 두 사람이 무릎을 꿇고 마주 향해 서로 보올을 사이드로 던져 캐칭한다. (고울키이퍼의 연습이기도 하다)
⑭ 엉거주춤한 자세로 서서 손을 사용하지 않고 보올을 발로 굴린다.

위어밍 업

■ 기술의 연습을 겸하여

워어밍업(warming-up)은 대개 기본 기술이나 기본 전술의 연습을 아울러 할 수가 있다.
여기서는, 워어밍업으로 사용할 수 있는 연습의 몇가지를 예로 들기로 한다. 이것을 어떻게 결합시키느냐에 대해서는 각 티임의 사정과 코우치의 생각에 달려있다. (앞에서 열거한 연습법과 중복되는 것도 있다)

■ 공중에서의 보올 키이프

수 명이 1조가 되어 보올을 땅 위에 떨어뜨리지 않도록 서로 패스로 주고 받는다. 한 번 공중에서 멈추었다가 패스(2회 터치)하는 것과 다이렉트(1회 터치)의 두 가지가 있다.
① 2인 1조로 마주 향한다. 간격은 5m. (그림 4)
② 3인 1조
③ 4인 1조 } 의 원을 만든다.
④ 5인 1조 ····· 4명이 원을 만들고, 한 사람이 그 안으로 들어간다.

■ 기본 워어밍업

기본 기술이나 전술의 그루우프 연습을 워어밍업을 겸하여 얽어 짤 수 있다.
(1) 인사이드 킥 : 두 사람이 서로 패스한다.
(2) 인스텝 킥·발리킥 : 한 사람은 던지고 다른 한 사람은 공중에서 발등으로 찬다.
(3) 점프 헤딩 : 위에서 설명한 연습을 한 사람이 시계추처럼 옆으로 2m 가량 왕래하면서 행한다. (그림 5)
(4) 3인 1조의 발리킥 : A가 던지고 B가 공중 보올을 C에게로 차 넘긴다. 그러면, C는 일단 스톱시켰다가 주워 A에게 던지고 A가 킥을 한다. 이것을 되풀이 한다. (그림 6)
(5) 러닝 패스 : 2명이 나란히 앞으로 달리면서 번갈아 가며 비스듬히 패스한다. (그림 7)

워어밍 업

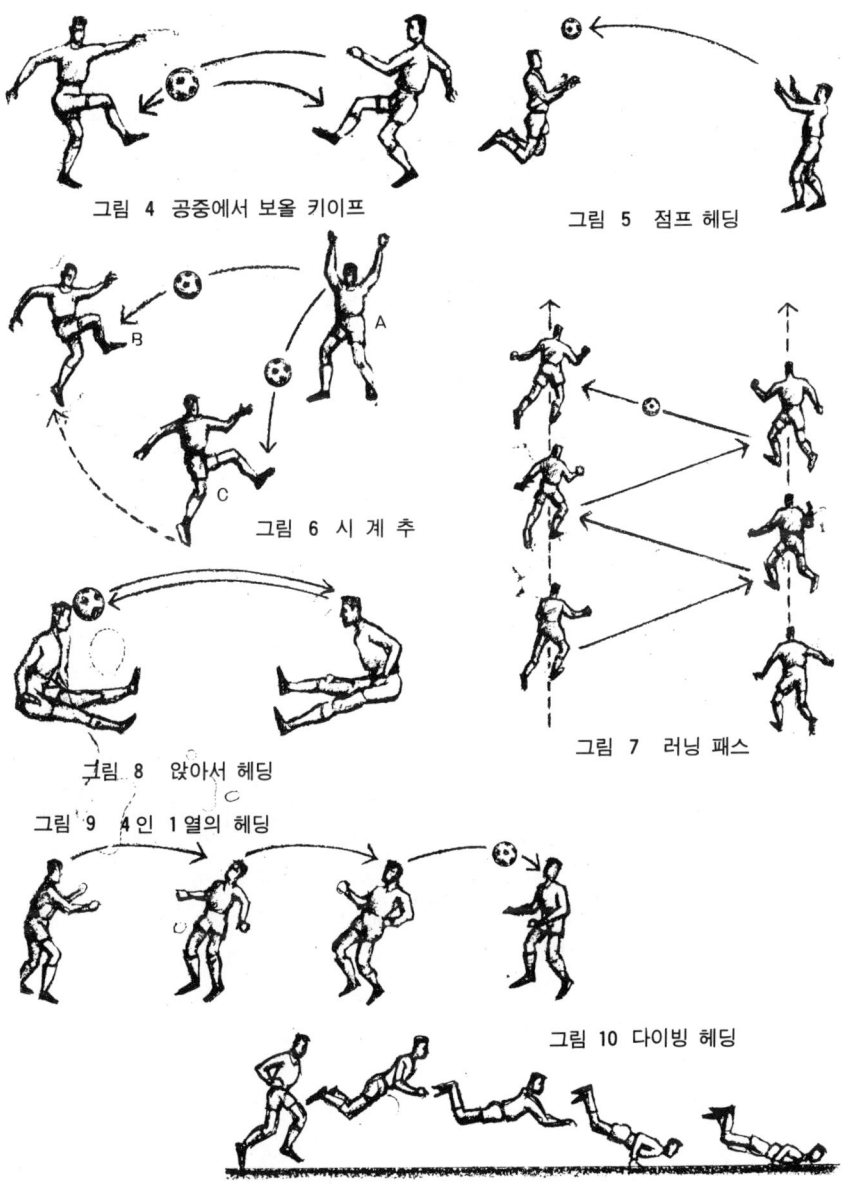

그림 4 공중에서 보올 키이프
그림 5 점프 헤딩
그림 6 시계 추
그림 7 러닝 패스
그림 8 앉아서 헤딩
그림 9 4인 1열의 헤딩
그림 10 다이빙 헤딩

여러가지 연습

(6) 2대 1패스 : 사방 10m의 지역 안에서 실시한다. 패스를 받는 동작, 패스하며 달리는 동작, 드리블, 페인트, 삼각 패스 등을 계속하여 익힌다.

(7) 패스 앤드 고우 : 5인 1조가 되어 원형을 만든다. 일단 옆 사람에게 패스한 뒤에는 그 위치로 달려간다.

■ 헤딩

(1) 2인 1조의 점프 헤딩 : 한 사람이 던지고 한 사람이 그 자리에서 점프하여 헤딩으로 보낸다.

(2) 3인 1조의 점프 헤딩 : A는 던지고 B는 C를 향하여 점프 헤딩으로 보낸다. 그러면, C는 보올을 스톱시켜 손으로 주워 들어 A를 향하여 던지고 A가 헤딩. 이것을 되풀이 한다.

(3) 4명이 손을 잡고 헤딩 : 4명이 각각 옆 사람의 손을 잡고 원형을 이룬다. 그리고는 1개의 보올을 땅에 떨어뜨리지 말고 번갈아 헤딩한다.

(4) 앉아서 헤딩 : 발을 벌리고 앉아서 2명이 마주 향하고 헤딩한다. (그림8)

(5) 4인 1렬의 헤딩 : 가운데의 2명이 뒤로 헤딩한다. 한 차례가 끝나면 곧 우로 돌아 다시 헤딩한다. (그림 9)

(6) 2인 1조의 헤딩① : 보올이 땅에 떨어지지 않도록 주의하면서, 2명이 마주서서 번갈아 가며 다이렉트로 헤딩한다.

(7) 2인 1조의 헤딩② : 반드시 터치 2회 (1회 헤딩으로 스톱, 다음에 헤딩으로 패스)로 헤딩을 주고 받는다.

(8) 2인 1조의 헤딩③ : 점프 헤딩을 다이렉트로 서로 주고 받는다. 앞으로 날리는 것이 아니라 높이 올라가도록 주의한다.

(9) 다이빙 헤딩 : 1명이 보올을 앞으로 던지면 다른 1명은 다이빙하듯이 몸을 내던지면서 헤딩한다. 땅에 떨어질때 다치지 않도록 미리 보올을 사용하지 않고 낙법 연습만 충분히 해 두어야 한다. 떨어질 때는 손바닥으로 먼저 땅을 짚고, 이어 가슴·배의 차례로 유연하게 떨어질 수 있도록 충분히 연습해 둔다. (그림10)

(10) 5인 1조의 헤딩 : 원형을 만들고 헤딩만으로 보올이 땅에 떨어지지 않도록 5명이 헤딩으로 이어간다.

■ 핸드보올

발을 사용하는 대신에 핸드보올과 같이 손으로 패스해 보내면서 연습한다. 이것은 그루우프의 연습 형태를 이루기 위한 목적으로, 발로 하는 연습 전에 함으로써 워어밍업으로 삼기도 한다.

(1) 3인 1조 : 지름 5m 정도의 원 안에서 패스를 보내고 대시한다.

워어밍 업

다른 한 사람에게 방해가 되지 않도록 주의한다. 또, 패스를 보낸 상대방에게 다시 패스하는 리터언 패스(return pass)도 섞어서 실시한다.
(2) 3대3 플러스1 : 7명을 3대3으로 하여 각각 마아크 상대를 정하고 나머지 한 명은 항상 보올을 갖고 있는 쪽의 멤버가 되어 4명의 손으로 패스하고, 3명은 보올을 뺏으려고 한다. 페널티 에어리어의 넓이 안에서 실시한다.

(3) 5대5 : 페널티 에어리어 안에서 고울없이 실시한다. 패스가 10차례 성공하면 1점으로 치며 일정한 시간동안 게임을 진행한다.

■ 풋보올 테니스
(1) 2대2 : 테니스 코오트를 이용하여 실시한다.
코오트 밖에서 인사이드의 드롭 킥으로 서어브를 넣어 시작한다 리시이브한 티임은 두차례 킥을 주고 받은뒤 상대 티임의 코오트로 차

6 대 6의 풋보올 테니스

여러가지 연습

넘긴다.

또, 보올을 한 번만 땅에 떨어뜨려도 상관없이 정하고, 우군끼리는 몇 번이라도 서로 주고 받을 수 있다. 차안스를 보아 상대 진영 안으로 넘긴다.

(2) 1티임에 4~6명씩:코오트를 세로 10m, 가로 5m 정도로 하여, 코오트 중간의 네트는 배구 정도의 높이로 한다.

자기 진영에서는 3회까지 보올을 떨어뜨리지 않고 우군끼리 패스를 주고 받을 수 있다. 4회째에 헤딩으로 적진에 슛한다. 배구 경기와 비슷하다.

제 6 장 경기규칙과 경기설비

경기 규칙

축구의 경기규칙은 17조로 되어 있어 간단하며 알기 쉽다. 또한, 국제적으로 완전히 통일되어 있어, 어느나라에 가도 규칙은 똑같다. 이것이 이 스포츠의 장점이다.

상세한 풀이는 생략하기로 하고, 여기서는 실제 시합을 하는데 필요한것, 의문스러운 점을 중점적으로 해설하기로 한다.

〔보 올〕

가죽의 색깔은 흰 것 및 흰 것과 검은 것을 섞어 꿰맨 두 가지가 공인 (公認)되어 있고, 보올의 둘레는 68 cm~71cm, 무게는 396~453g 이며 소년용은 둘레 62cm ~ 65cm, 무게는 300~350g 이다. 보올 안의 공기는 1 cm² 당 600g~700g 이다.

〔경기자의 용구〕

• 금속성이 부착된 벨트 등 상대편에게 부상을 입힐 염려가 있는 것은 몸에 지닐 수 없다.(반지, 시계, 목걸이, 안경―자기 자신이 위험함)

• 축구화(슈우즈나 부우츠) 바닥의 굽 (Studs)은 하나하나씩 튀어 올라온 것으로서, 가죽이나 고무·알루미늄·플라스틱 등 재료로 만들어진 것이어야 하고, 또한, 그 속이 비어서는 안된다. 굽의 지름은 1.2 cm 이상, 높이는 1.2cm 이하.

경기규칙과 경기설비

〔플레이어〕

① **경기자의 수** 정식의 시합은 각각 1 티임에 11명. 그 중 1명이 골키이퍼. 멤버가 부족할 때, 1티임 7명 이하는 인정하지 않는 것이 보통이다.

② **선수의 교체** 보통 정식 시합에서는, 시합 중 언제든지 1 티임 2명까지 교체가 인정된다. 선수 교체는 어떠한 경기에서도 양 티임이 합의하는데 따라 최고 5명까지 교체할 수 있으며, 이러한 항의 사항은 경기 시작 전에 5명의 교체 멤버를 주심에게 통고하여야 한다.

③ **GK의 교체** 티임의 어느 선수라도 자기 티임 골키이퍼와 교체할 수 있으나, 주심에게 통고되어야 하며, 유니폼을 바꾸어 입는다.

④ **퇴장 당하였을 때** 악질적인 반칙 등으로 퇴장 당하였을 때는 교체 선수를 낼 수 없다(1명이 퇴장당하면 나머지 10명으로 시합을 계속한다).

〔경기 시간〕

본게임 경기 시간은 쌍방이 동의했을 때를 제외하고, 전·후반 각각 45분씩이어야 하며, 그 사이에 하아프 타임(보통 5분~10분)을 둔다. 경우에 따라서는 전·후반 합하여 80분(40분 하아프), 70분(35분 하아프)의 시합을 하는 수도 있다. 소년 축구의 경우, 국민학교생은 40분~50분, 중학생은 60분이 보통의 예이다.

① **연장전** 경기시간이 끝나 양 티임이 무승부이거나 동점일 때는 연장전을 하는 수가 있다. 연장전도 전반과 후반으로 나누는데 연장전의 전반과 후반은 진영을 교체할 뿐, 하아프 타임은 없다. 연장전의 시간은 보통 30분(15분 하아프) 또는 20분(10분 하아프)이다. 상세한 것은 대회 규정에서 정한다.

② **페널티 마크에서의 킥하기(승부차기)** 이긴 티임을 가려내기 위한 시합을 계속하는 토너멘트에서는 시합이 무승부로 끝났을 때 다음 라운드에 진출하는 티임을 결정하기 위해 페널티 마크에서의 킥하기(승부 차기)를 행하는 수가 있다.

TK 경기는 어느 한편만의 고울을 사용하여 처음에 양 티임 5명씩의 선수가 번갈아 페널티 킥을 차서 많은 고울을 넣은 티임이 다음 라운드에 진출한다. 양 티임 5명씩 차고 난 다음 동점의 경우에는 다른 선수가 1명씩 번갈아 차며 빨리 실패한 쪽이 권리를 상실한다.

〔킥 오프〕

시합의 개시, 후반의 개시 또는 득점이 있은 다음 다시 시작할 때에는 센터스포트(킥오프 마아크)에서 보올을 찬다.

① 양 티임의 선수는 하아프웨이 라인을 사이로 하여 각기 자기 진영쪽에 있다. 수비측은 센터 서어클 바깥 보올에서 10야아드(9.15m)에 있어야 한다.

② 보올은 우선 전방을 향해 찬다(직접 후방의 자기편에 주면 안된다).

③ 보올이 그 둘레(外周)만한 거리

경기규칙

(약70cm) 이상 이동해야 인플레이가 된다.
④ 킥 오프를 한 선수는 다른 선수가 보올을 건드릴 때 까지는 다시 그 보올을 건드리지 못한다 (위반이 생긴 지점에서 상대방 티임에게 간접 프리이 킥을 준다).

〔득 점〕

보올이 경기규칙을 위반함이 없이 양 고울 포스트 사이와 크로스 바아의 아래로 고울 라인을 완전히 통과하였을 때를 득점으로 하며, 보올의 일부가 라인에 걸려 있을 동안은 노·고울이다. 수비측의 반칙이 있었으나 보올이 고울인되어 주심이 어드벤테이지를 적용했을 때도 득점이 된다.

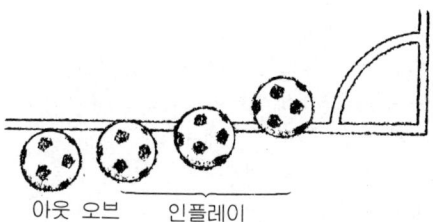

아웃 오브 플레이 / 인플레이

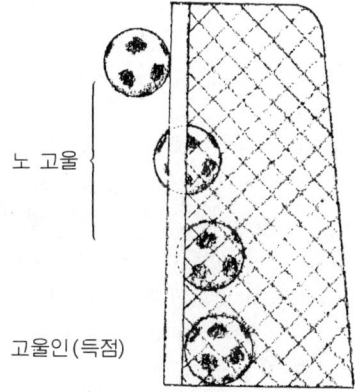

〔아웃·오브·플레이와 인플레이〕

보올 전체가 완전히 터치 라인 또는 고울 라인을 넘어 밖으로 나가면, 보올은 경기장 밖으로 나간 것이 되어, 아웃 오브 플레이가 된다. 바로 위에서 보아, 보올의 일부라도 라인에 걸려있는 동안은 인플레이다.

〔드로우-인〕

지상과 공중을 불문하고 보올이 터치 라인에서 밖으로 넘었을 때, 보올을 최후로 터치한 선수의 반대측 선수에 의해 임의의 방향으로 드로우인하여 시합이 계속된다.

드로우인을 하는 선수는 다음과 같이 보올을 던진다.
① 경기장에 면하고,
② 양발을 터치 라인 선상 또는 터치 라인 바깥 지상에 있지 않으면 안된다.
③ 양손을 사용하고 머리 후방에서 위로 넘겨 던져야 한다.
(드로우인이 정당하게 행해지지 않았을 때는 상대방에 드로우인이 부여된다)
주―드로우인의 경우에는 오프사이드는 없다. 프리이 킥의 경우에는 오프사이드가 있다.

〔고울 킥〕

보올이 공격측 선수에 터치한 다음 고울 라인을 넘어 밖으로 나가면 수비측의 고울 킥이 된다. 고울 에어리어 중의, 보올이 넘어간 지점에서 가장 가까운 반분 내의 어느 지점에서 직접 페널티 에어리어 밖으로 킥을 한다. 보올이 페널티 에어리어 밖으로 나가지 않으면 인플레이가 되지 않는다(페널티 에어리어 밖으로 나가기 전에 누군가에 터치되면 고울 킥을 다시 한다). 고울 킥을 하는 선수의 반대측 선수는 고울 킥을 할 때 킥한 보올이 페널티 에어리어 밖으로 나갈 때까지 페널티 에어리어 밖에 머물러 있어야 한다.

〔코오너 킥〕

보올이 수비측 선수에 터치된 다음 고울 라인을 넘어 밖으로 나갔을 때는 코오너 킥이 된다. 보올은 보올이 나간 지점에서 가까운 쪽 코오너 에어리어 원내에서 공격측이 차게 되며, 이 때, 코오너 플랙을 이동시키면 안된다. 코오너 킥을 찬 선수가 다른 사람이 터치하기 전에 재차 그 보올을 터치해서는 안된다(상대방의 간접 프리이 킥이 된다).

코너킥으로부터 직접 득점이 된다.

〔프리이 킥〕

반칙이 있었을 때는, 상대방 티임에 프리이 킥이 부여된다. 반칙의 종류에 따라 프리이 킥은 두 종류로 나누어 진다.

① **직접 프리이 킥** 그 킥으로부터의 보올이 직접 상대방 고울에 들어갈 경우도 득점이 된다.

② **간접 프리이 킥** 그 킥으로부터 고울에 들어가기 전에 그 보올이 킥한 선수 이외의 선수에게 터치되거나 플레이 되지 않으면 득점이 되지 않는

다(간접 프리이 킥일 때는 주심은 팔을 들어 "간접"이라는 것을 표시한다)

〔프리이 킥일 때〕

① 상대방 선수는 보올에서 9.15m(10 야아드) 이상 떨어져 있지 않으면 안된다.

② 자기 진영 페널티 에어리어 내에서의 프리이 킥일 때, 상대방 선수는 보올에서 9.15m 떨어져 있을 뿐 아니라, 페널티 에어리어 밖으로 나가지 않으면 안된다.

③ 상대방의 프리이 킥에 대하여 수비할 때, 자기 진영의 고울라인 선상에 설 경우는 9.15m 떨어져 있지 않아도 상관없다.

④ 자기 진영 페널티 에어리어 내에서의 프리이 킥은 보올이 페널티 에어리어를 벗어나지 않으면 인플레이가 되지 않는다.

〔페널티 킥〕

페널티 킥은 수비측이 자기진영 페널티 에어리어 안에서 직접 프리이 킥이 되는 반칙을 했을 때는 상대방에 페널티 킥이 부여된다. 페널티 킥은 고울에서 11m 떨어진 페널티 마아크에서 공격측 선수 1명이 고울 키이퍼와 1 대 1에서 찬다.

① 페널티 킥일 때 킥하는 선수와 수비측 고울키이퍼 이외는 페널티 에어리어 밖에 있어야 하고, 페널티 마아크에서 최소한 9.15m(10 야아드) 떨어져 있어야 한다.

② 고울 키이퍼는 고울 포우스트 사이 고울 라인 선상에서 보올이 킥

될 때 까지는 발을 움직이지 않고 서 있지 않으면 안된다.
③ 페널티 킥은 전방으로 차지 않으면 안된다.
④ 페널티 킥을 차는 선수는 보올이 다른 선수에게 터치되거나 플레이되기 전에 재차 보올을 플레이해서는 안된다. 예컨대, 찬 보올이 크로스 바아에 맞고 튀어 나온 것을 재차 킥하여 고울에 넣어도 무효이다 (상대방의 간접 프리이 킥이 된다). 상대방 고울 키이퍼에게 터치된 보올을 재차 차는 것은 상관없다.

〔오프 사이드〕
간단히 말하면 「상대방 뒤에서 대기하지 않는다」라는 규칙이 오프 사이드이다. 공격측의 선수는 다음과 같은 경우에 오프 사이드 위치에 있다고 한다.
① 보올이 플레이된 순간에 (자기측이 패스를 낸 순간에)
② 하아프웨이 라인보다 상대측에 있고,
③ 그 선수와 상대측 고울 사이에 수비측의 선수가 1명 밖에 없을 때.

오프사이드의 실례

전형적인 예
(오프사이드 ①)

A와 고울 사이에 상대방은 1명 밖에 없다.

되돌아와 패스를 받는다.
(오프사이드 ②)

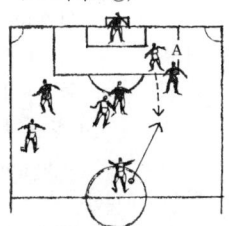

패스를 받는 순간 오프사이드 위치에 있다가 되돌아와 보올을 받는다.

나란히 있을 때
(오프사이드 ③)

A와 a가 나란히 있는데, A와 고울 사이에는 상대편 선수가 1명도 없다.

상대방에 터치된다.
(오프사이드 ④)

오프사이드가 된다. 그에게로 플레이된 순간이 오프사이드 반칙이 되는 것이기 때문에. 수비에게 맞고 들어간 것은 그후의 일이 되기 때문이다.

바아에 맞고 튀여 나온다.
(오프사이드 ⑤)

숏했을 때 A는 오프사이드 위치에 있다. 보올이 크로스 바아에 맞고 튀어 나온 보올을 A가 잡아 플레이 한다.

다른 자기편에 패스
(노우 오프사이드 ⑥)

A가 오프사이드 위치에 있다고 해서 B에게 패스된 순간 오프사이드로 처벌할 수 없다.

경기규칙과 경기설비

오프 사이드 위치에 있는 선수가 상대를 방해했거나 플레이에 간섭했거나 그 자리에 있으므로 해서 어떤 이익을 얻기 위한 것으로, 주심의 의견으로 인정됐을 때 그는 보올을 받았든 안받았든간에 그 방향으로 플레이 된 순간에 오프 사이드가 된다 (이밖에 것은 단순한 오프 사이드 위치로 오프사이드 처벌을 받지 않는다). 오프 사이드는 주로 선심이 보고 있다가 기를 들어 가만히 서서 주심에게 신호를 한다.

[파울과 부정행위]

축구에선 오프 사이드 이외에는 어려운 반칙이 없다. 다음 두가지가 반칙의 중요 포인트이다.
① 상대방을 부상시키는 따위의 위험한 플레이
② 페어 플레이 정신에 위배되는 따위의 비겁한 행위

올바른 차아지 상대방의 몸을 밀어도 다음과 같은 올바른 차아지일 때는 반칙이 되지 않는다.
① 보올을 자기가 플레이할 수 있는 범위 내(Playing distance)에서,
② 자기의 어깨로 상대방 어깨를 미는 차아지

올바른 차아지

직접 프리이 킥
점핑애트(jumping at)

직접 프리이 킥이 되는 9개 반칙
다음 9개 항목의 반칙을 고의로 범했을 때는 직접 프리이 킥이 된다 (상대측 페널티 에어리어 내에서는 페널티 킥을 준다).
① 상대를 치거나 또는 차려고 하였을 때(kicking)
② 상대를 걸어서 넘어지게 하거나 (tripping), 즉 다리를 쓰거나 상대의 앞 또는 뒤에서 몸을 굽혀 상대를 넘어뜨리려고 하는 행위
③ 상대방에게 뛰어 덤벼 들었을 때 (Jumping at)
④ 난폭한 또는 위험한 차아징을 하였을 때(Foul charging)
⑤ 상대가 방해하고 있지 않은데 배후에서 차아징을 하였을 때(back charging)
⑥ 상대를 때리거나 또는 때리려고 하였을 때(Striking) 또는 그에게 침을 뱉었을 때(spit at him)
⑦ 상대방을 잡았을 때(Holding)
⑧ 상대방을 밀었을 때(Pushing)
⑨ 보올을 손 또는 팔로써 처리했을 때 즉, 손 또는 팔로써 보올을 가지고 가거나 치거나 밀고 갔을 때 (Handling)

경기규칙

직접 프리이 킥이 되는 반칙

키 킹
상대편 선수를 발로 찬다.

점핑 애트
보올에 헤딩하지 않고 상대방 선수에게 덤벼들었을 때

호울딩
상대편 선수를 잡는다.

트리핑
상대편 선수를 넘어뜨린다.

파울 차아지
팔꿈치로 미는 따위의 난폭하거나 위험한 차아지

푸 싱
상대편 선수를 밀었을 때

백 차아지
상대편 선수가 방해하고 있지 않은데, 뒤쪽에서 차아징하는 것은 어깨로 밀어도 반칙이 된다.

스트라이킹
상대편 선수를 때리거나 때리려고 하였을 경우

핸드링
보올을 손 또는 팔로 처리하면 반칙. 단, 상대편 선수가 찬 보올이 터치되었을 때는 고의가 아니므로 반칙이 아니다.

경기규칙과 경기설비

간접 프리이 킥이 되는 반칙 경기자가 다음의 5개 항목의 반칙을 범하였을 때는 그 반칙이 생긴 지점에서 상대방 선수에게 간접 프리이 킥을 준다.
① 위험한 플레이, 예를 들면, 고울 키이퍼가 갖고 있는 보올을 차려고 하는 플레이
② 보올이 플레이할 수 있는 범위 내 (Playing distance)에 있지 않아서 쌍방 공히 명확히 그 보올을 플레이하려고 하지 않고 어깨로 차아징 하였을 때
③ 보올을 플레이하지 않고 고의로 상대방을 방해하였을 때 (Obstruction) 즉, 상대방 선수와 보올 사이를 달리거나 상대방의 장애가 되도록 신체를 밀었을 때
④ 고울 키이퍼를 차아징 하였을 때
⑤ 고울 키이퍼의 5 스텝스
⑥ 고울 키이퍼의 시간 소비

간접 프리이 킥이 되는 반칙

어브스트럭션
자기는 보올로 플레이하는 것이 아니라 상대에게 방해만을 한다.

보올이 없을 때의 차아지
어깨로 어깨를 미는 차아지라도 보올이 플레이할 수 있는 범위에 없을 때는 반칙

키이퍼 차아징 간접 프리이킥이 되는 반칙 중, 키이퍼 차아징은 약간의 설명이 필요하다.
다음의 경우에는, 가령, 어깨로 어깨를 미는 올바른 방법이라도, 고울 키이퍼를 차아징해서는 안된다. 고울 키이퍼가,
① 자기 진영 고울 에어리어 내에서,
② 보올을 갖고 있지 않을 때
  (단, 고울 키이퍼가 상대방 선수를 방해하고 있을 때는, 차아징을 당하여도 어쩔 수 없다)

고울 키이퍼의 5 스텝스 고울 키이퍼는, 자기 진영 페널티 에어리어 내에서는 손으로 보올을 취급할 수 있다. 그러나, 한번 보올을 잡은 다음 5걸음 이상 갖고 옮기면 간접 프리이 킥이 된다.
자기쪽 고울 바로 가까이에서는 상대방의 프리이 킥이 되므로 매우 위험하다.
① 보올을 가진채 4걸음 까지는 걸어도 좋다.
② 5걸음 째에는 보올을 손에서 떼지 않으면 안된다.
③ 4걸음을 걷는 동안에 발로 다루어도 좋다. 예컨대, 2걸음 보올을 갖고 걷다가 일단 손에서 보올을 떼어 발로 드리블하고, 재차 손으로 잡을 경우는 나머지 2걸음만 걸을 수 있다.
④ 4걸음 보올을 갖고 걸은 다음 한번 자기편에 넘기고, 리터언을 받으면, 다시 4걸음 걸을 수 있다.

경기규칙

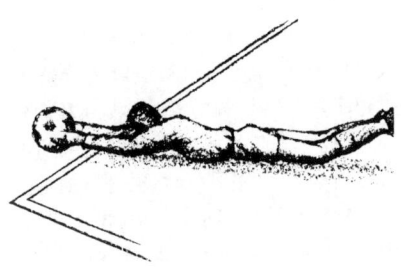

고울 키이퍼의 핸드링
페널티 에어리어 안이냐, 바깥이냐는 보올의 위치에 따라 판정된다. 고울키이퍼의 몸이 페널티 에어리어의 안에 있어도 바깥에 있는 보올을 처리하면 핸드링으로 그 지점에서 상대편의 간접 프리이 킥이 된다.

경고를 받는 경우
① 주심의 지시없이 무단 시합에 참가함
② 당해 선수가 거듭 경기 규칙을 범했을 때
③ 주심이 내린 결정에 대해서 불복(항의)한다는 것을 구두 또는 행동으로 표시하였을 때
④ 비신사적 행위를 범했을 때
  상기 4항목 중 끝의 3개 항의 어느 것에 해당하였을 때는 경고를 준 후에, 더 첨가해서 그 반칙이 생긴 지점에서 상대편에게 간접 프리이 킥을 차게 한다.

퇴장을 당하는 경우
① 난폭한 행위 또는 현저하게 부정한 플레이를 하였을 때
② 야비하고 모욕적인 언어를 사용했을 때
③ 경고를 받은 후 다시 불법행위를 반복하였을 때
④ 타인에게 침을 뱉었을 때

주—심판에 항의하거나 어필하는 것은 축구에서는 일체 허용되지 않는다. 가령, 심판이 잘못되었다고 느껴져도 심판의 지시대로 따라야 한다.

어드밴티지 반칙일 때 주심이 반드시 호각을 부는 것이 아니다. 프리이 킥을 주기 위해 중단하면, 오히려 반칙을 범한 팀에게 이익을 준다고 생각되었을 경우, 그 적용을 피하고 경기를 속행시키는 규칙(advantage rule)으로, 주심은 경기 전체의 진행 상황을 잘 파악하여 정확한 판단을 내려야 한다.

〔드롭 보올〕
선수가 부상하거나 그밖에 뜻하지 않은 사고 등으로 경기가 중단 되었을 때는 드롭 보올(레프리 보올;referee ball이라고도 함)로 게임을 재개한다. 그 방법은 다음과 같다.
① 주심이 보올을 허리 높이에서 떨어 뜨린다.
② 보올이 땅에 닿으면 인플레이가 된다(닿기 전에 경기자가 킥하면 다시 한다).

경기규칙과 경기설비

경기 설비

축구는 어디서나 누구나 할 수 있는 장점이 있다. 용구나 유니포옴에 과다한 비용을 지출할 필요도 없다. 보통 운동하기에 편리한 복장으로 보올 1개만 있으면 즐길 수 있는 스포오츠이다. 그러나, 어느 정도의 표준이 되는 것이 있으므로 간단하게 설명해 두기로 한다.

1. 보올

축구경기에 사용되는 보올은 흰 것 및 흰 것과 검은 것 32장의 가죽을 6각형으로 섞어 꿰맨 보올이 대표적인 것으로 사용되는데, 이것은 유럽에서 나이터용으로 만든 것이었다. 어른들의 정식 시합은 18장 또는 32장의 가죽을 꿰매 합친 「5호 보올」이 사용되며, 중학생 및 어린이용은 이보다 한 둘레 작은 「4호 보올」을 사용한다. 소년용은 이보다 약간 작은 것이라도

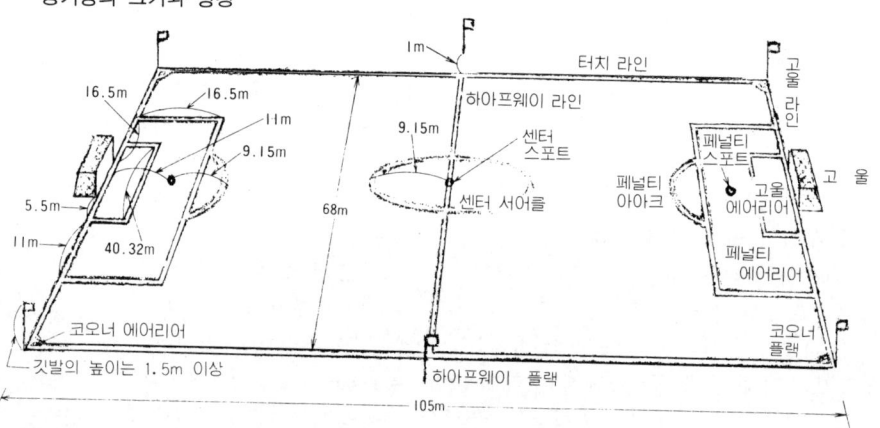

월드 컵이나 올림픽에서 경기장의 크기는 터치 라인이 105 m, 고울 라인은 68m로 규정되어 있다. 우리나라에서도 이 크기를 표준으로 하고 있다.

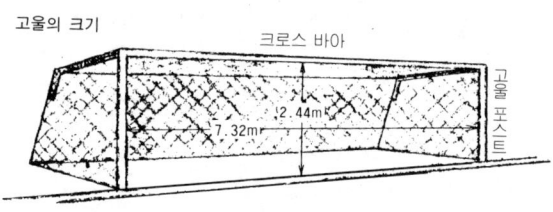

상관없다.

한편, 가죽을 꿰매 합친 것이 아니라도, 가죽을 고무 보올 외면에 붙힌 것 또는 고무 보올이라도 축구는 할 수 있다. 1명 1개의 보올을 갖는 것이 이상적이지만 기본 연습을 할 때는 2명에 1개꼴의 보올을 준비한다.

2. 축구화

정식 시합에서는 바아(Bars)가 가죽으로 만들어진 축구화가 사용되고 있다. 이 축구화에 관해서는 경기 규칙 제4조에 축구화 바닥에 돌기된 굽(Studs)에 관해 까다롭게 규정되어 있는데, 요컨대, 다른 선수에게 위험을 주지 않게 하기 위한 것이다. 소년 축구에서는 운동화가 오히려 보올에 대한 감각을 쉽게 익힐 수 있으므로, 보통의 운동화로 기초 훈련을 시키는 수도 있다. 운동화로 연습을 시킬 때 발끝으로 보올을 차게되면 아프므로, 자연히 발목을 아래로 뻗어 「발등」으로 킥을 하게 된다. 여하튼 간에 축구화는 발에 잘 맞는 부드러운 느낌의 것이 좋다.

3. 유니포옴

특별히 따로 정해져 있지는 않지만 위는 여름에는 반 소매, 겨울에는 긴 소매 셔츠, 아래는 무릎 위 까지의 짧은 바지, 발에는 스타킹 착용이 보통의 복장이다. 스타킹 안에 대는 정강이 받이(대 또는 플라스틱 대에 헝겊을 감은 것)는 반드시 사용하는 것이 좋다. 양말을 신기 전에 붕대를 감아 두는 것도 관절 삠을 방지하는데 유효하다. 팬츠 안에는 운동구점에서 시판하는 서포오터어(Supporter) 또는 브리이프(brief) 등을 착용하여 급소를 방비하도록 한다.

유니포옴은 당초에 등록한 대로 입는다. 단, 고울 키이퍼만은 다른 경기자들과 구별될 수 있는 색깔의 유니포옴을 입는다.

4. 그라운드

축구는 어떤 크기의 그라운드 위에서도 할 수 있다는 점이 특색이다. 단 세로가 가로보다 커야 하며 국제시합을 할 경우에는 그 크기가 규정되어 있다. 국제시합이 아닌 경우에는 규정 한도 내에서 임의로 조정해도 무방하다.

축구 경기장은 표면이 잔디로 덮여 있는 것이 이상적이며, 또한 고르고 평탄해야 한다. 그러나, 우리나라를 비롯하여 대부분의 나라에서는, 특히 중요한 시합을 제외하고는 맨 땅의 경기장에서 하는 경우가 많다. 그런가 하면, 자연의 잔디 대신 인공 잔디를 깔고 그 위에서 축구경기를 하는 나라들도 차츰 늘어나고 있다.

5. 보올 펜듀럼

공중에 보올을 매달아 늘어 뜨리고 연습하기 위해서는 그라운드 한편 구석에 보올 펜듀럼(ball pendulum)이라는 시설이 필요하다. 적당한 장소를 이용하면 좋은 데, 높이는 충분히 잡도록 한다. 낮으면 보올이 튀어 올라갔을 때 감기게 된다. 체육관의 천장에 보올을 매달아 놓고 사용해도 무방하다. 특히 킥이나 헤딩 연습을 하는 데는 매우 편리한 연습 시설이다. 펜듀럼용으로 고리가 달린 특제 보올도 있다.

6. 슛판

킥 연습을 혼자서 연습하기 위해서는 슛판, 즉, 슈팅 보오드(Shooting board)를 준비하면 편리하다. 일단 차낸 보올이 되돌아오게 만든 것으로 보통 벽을 이용할 수도 있다. 그라운드에 설치할 때는 표면에 실물 크기의 고울을 그리고 그 고울을 12칸으로 잘라 번호를 매겨 이를 겨냥하여 슛 연습을 할 수 있게 한다.

슛판은 어지간히 튼튼하게 세우지 않으면 무너지거나 파괴되기 쉽다. 크기도 상당한 여유를 갖게 하는 것이 좋으며, 주위에 철망을 쳐 보올이 튀어 나가지 않도록 하는 것이 더욱 좋다.

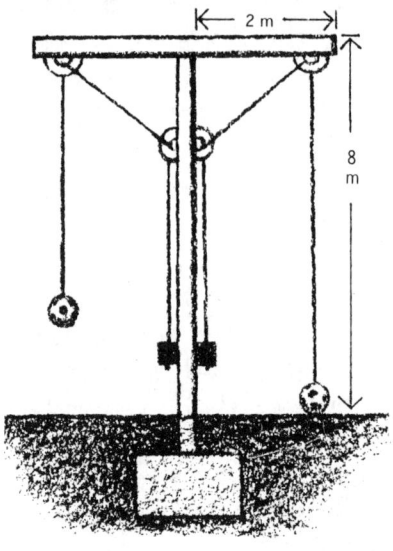

보올 펜듀럼

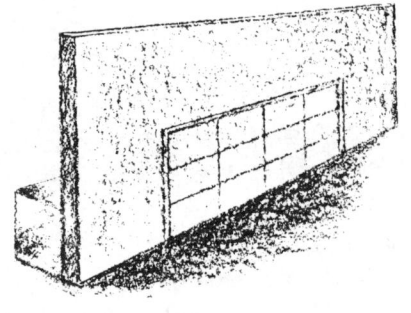

슈팅 판

보올 펜듀럼을 사용하여 헤딩 연습

◆축구에 관한 용어 해설◆

⟨가⟩

간접 프리이 킥(indirect free kick)
어느 한 티임이 반칙을 범했을 때 그 상대 티임에게 주는 프리이 킥의 일종이며, 차는 사람 이외에 다른 경기자에게 보올이 터치되지 않으면 고울 인 되어도 득점으로 인정되지 않는다.

게임 메이커(game maker)
게임의 공수·작전에서 중심적 활동을 하는 경기자로, 실전상으로 코우치의 역할을 담당하는 재치있고, 능력있으며, 경험이 풍부한 공격적 하프가 게임 메이커가 된다.

경고(caution)
경기 중 선수가 주심의 허가없이 경기장을 출입하거나 주심의 판정에 불복하는 행위, 반칙을 계속 범하는 등의 비신사적인 행위를 하였을 때 그 선수에게 주심은 경고를 줄 수 있다. 이것이 되풀이 되면 퇴장을 당하게 된다.

고울(goal)
고울 라인의 중앙에 세워진 폭 7.32m, 높이 2.44m 의 문. 보올이 고울을 완전히 통과해야만 득점이 인정된다.

고울 게터(goal getter)
득점 능력이 우수한 플레이어. 득점한 경기자

고울 네트(goal net)
고울 뒤에 쳐 놓은 그물로서, 득점의 여부를 판정하는데 도움이 된다.

고울 라인(goal line)
양쪽 코오너 플랙을 연결하는 45~90m에 쳐진 경계선. 이 선과 접하는 것이 터치라인이다.

고울 에어리어(goal area)
고울 앞에 그려진 안쪽의 선. 가로 18.3m, 세로 5.5m의 지역. 고울 킥을 할 때 놓고 찬다.

고울 인(goal in)
보올이 두 개의 고울 포스트 사이에서 크로스 바아 밑의 공간을 완전히 통과하는 것이며, 득점이 인정된다.

고울 커버(goal cover)
고울 키이퍼가 고울을 비웠을 경우에 다른 선수가 고울을 지키는 것

고울 키이퍼(goal keeper)
고울을 수비하는 선수로 페널티 에어리어 안에서도 손을 사용할 수 있는 유일한 선수이다. GK.

고울 키이핑(goal keeping)
고울 키이퍼가 고울을 수비하는 기술

고울 킥(goal kick)
보올이 고울에 들어가지 않고 고울라인 밖으로 나갔을 경우 보올에 마

축구에 관한 용어 해설

지막으로 접촉한 자가 공격측이라면 수비측의 고울 킥이 된다. 이 경우 보통 고울 키이퍼나 풀백이 찬다.

고울 포스트(goal post)
고울 라인 위에 세워진, 양쪽 코너로부터 같은 거리상에 수직으로 세운 두 개의 기둥. 크로스 바아와 더불어 고울대를 만든다. 기둥의 두께와 폭은 12cm 이하이어야 한다.

국제 심판원(FIFA Referee)
국제 축구 연맹(FIFA)으로부터 국제 경기의 주심을 맡아 볼 수 있도록 허가받은 사람. 축구 협회의 추천에 따라 엄밀히 심사하여 임명함

그라운드 패스(ground pass)
보울이 땅 위로 굴러가는 패스

〈나〉

노우 마아크 슛(no mark shoot)
상대 티임의 방해를 전혀 받지않고 하는 슛

노우 플레이(no play)
아웃오브플레이

니이 킥(knee kick)
보울을 무릎으로 받아 넘기는 킥으로, 고울 문 앞에서 주로 행하여 진다.

〈다〉

다이렉트 킥(direct kick)
공중으로 날아오는 보울이나 굴러 오는 보울을 정지시키지 않고 그대로 차는 킥

다이렉트 패스(direct pass)
보울을 정지시키지 않고 한 번의 터치로 연결하는 패스

다이렉트 프리이 킥(direct free kick)
⇨직접 프리이 킥

다이빙 헤딩(diving heading)
낮은 보울의 헤딩에 적합한 것으로 뛰어들면서 앞으로 엎어져 하는 헤딩

대각선식 심판법(diagonal system of control)
현재 채용되고 있는 심판법이며, 주심은 그라운드를 대각선으로 움직이고, 2명의 선심은 주심과 먼 쪽의 터치 라인을 절반씩 분담하여 움직이면서 판정함

대시(dash)
짧은 거리에서 속력을 내어 달리는 동작

더블류 엠 시스템(W.M system)
근대 축구의 기본적인 시스템으로, 드리이 백 시스템에서 포오워드 5명이 W자형으로 위치하고 사이드 하아프 2명과 풀백 3명이 M자형으로 위치함. W.M 포오메이션이라고도 한다.

더블 스토퍼(double stopper)
공격하는 상대 티임의 중심 선수에게 2명의 풀백을 마아크 시키는 경우, 이 2명을 일컫는 말이다.

더블 킥(double kick)
오버헤드 킥을 할 때 차지 않는 발을 공중으로 흔들어 올렸다가 내리는 반동을 이용하여 차는 발을 흔들어 차는 킥을 말한다.

데인저러스 플레이(dangerous play)
주심이 위험하다고 인정하는 플레

축구에 관한 용어 해설

이로 간접 프리이 킥의 벌칙이 적용된다.

드로우 인(throw-in)
보올이 터치 라인 밖으로 나갔을 때 마지막으로 보올에 닿은 선수의 상대방이 경기의 재개를 위해 그 지점에서 경기장 안으로 보올을 던져 넣는 기술

드로잉(throwing)
고울키이퍼가 보올을 잡은 다음 자기편에게 던져주는 기술

드롭 킥(drop kick)
주로 고울 키이퍼가 차는 것으로, 보올을 땅에 떨어뜨려 보올이 튀어오르는 순간을 이용하여 차내는 킥 방법

드루우 패스(throught pass)
상대 티임의 선수들 사이를 뚫고 하는 패스로 상대 티임의 방어진을 꿰뚫는 패스의 일종

드리이 백 시스템(three back system)
3인의 풀백을 두는 수비진의 형태이며, 센터 하아프가 뒤로 물러서서 센터 백 구실을 하므로 수비를 튼튼히 하는 전술의 하나이다.

드리블(dribble)
보올을 자기의 플레이 범위 안에서 컨트롤하면서 발로 몰고나가는 기술

드리블 어택(dribble attack)
개인기술이 월등히 뛰어날 때 흔히 사용되는 전법으로, 상대 티임의 풀백 진영을 뚫고 들어가 고울 인을 시도하는 공격 기술이다.

디팬스(defence)

수비 또는 방어

〈라〉

라이트 백(right back)
풀백 중 오른쪽에 위치하는 선수, RB. 라이트 풀백

라이트 윙(right wing)
포오워드 진용의 가장 오른쪽에 위치하는 선수. RW.

라이트 인너(right inner)
WM 포오메이션 때 센터 포오워드 바로 오른쪽에 위치하는 선수. RI. 인사이드 라이트 포오워드

라이트 하아프(right half)
하아프 진의 가장 오른쪽 선수. RH. 라이트 하아프 백이라고도 한다.

라인즈 맨(lines men) ⇨ 선심

런닝 점프 헤딩(running jump heading)
날아오는 보올을 뛰어가서 점프, 헤딩하는 기술

런닝 패스(running pass)
달리면서 패스하는 것으로, 뛰고 있는 자기편의 속도와 방향에 맞추어서 패스하는 것이 중요하다.

레더(leather)
고울 키이퍼가 사용하는 무릎대. 무릎 보호 용구

레프리(referee)
⇨ 주심

레프리 보올(referee ball)
경기 도중 선수가 부상 당하거나 그 밖의 이유로 경기를 중단했을 때 게임을 재개하는 방법으로 레프리가 보올을 허리 높이에서 떨어뜨려 땅에 닿으면 인 플레이가 된다.

레프트 백(left back)
풀백 중 왼쪽에 위치하는 선수.
LB. 레프트 풀백

레프트 윙(left wing)
포오워드 진용의 가장 왼쪽에 위치하는 선수. LW

레프트 인너(left inner)
WM 포오메이션 때 센터 포오워드 바로 왼쪽에 위치하는 선수. LI

레프트 하아프(left half)
하아프 진의 가장 왼쪽에 있는 선수. LH. 레프트 하아프 백이라고도 한다.

로빙 보올(lobbing ball)
느리고 큰 호(弧)를 그리면서 나는 보올을 말하며, 흔히 공격할 때 상대 진영으로 띄우거나 상대 티임의 백 라인 뒤로 패스를 보낼 때 사용된다.

로스 타임(loss time)
게임 도중 사고나 선수의 부상 등으로 인하여 허비되는 시간을 말하며, 주심의 판단에 따라 그 시간만큼 경기시간을 연장할 수 있다.

로우빙 센터 하아프(roving center half)
투 백 시스템의 센터 하아프를 말하며, 공수에 걸쳐 광범위하게 활동한다. 어태킹 센터 하아프라고도 한다.

롱 슛(long shoot)
먼 거리에서 실시하는 슛

롱 패스(long pass)
길게 멀리 보내는 패스로 숏패스와 연결하여 여러가지 형태로 사용됨

롱 패스 어택(long pass attack)
길게 차서 공격하는 전법

리턴 패스(return pass)
우군으로부터 받은 패스를 다시 그 선수에게 되돌려 주는 패스

링크 맨(link man)
게임의 상황을 판단해서 우군의 공격 체계를 잡아나가는 핵심적인 선수. 하아프 백

〈마〉

마아크(mark)
상대에게 접근하여 상대방이 자유로운 플레이를 하지 못하도록 방해하는 행위

매스 드리블 전법(mass dribble)
19세기 오프 사이드 규정이 엄격할 때 주로 드리블에만 의존하여 공격하던 전법

맨 투우 맨(man to man)
수비측의 한 선수가 공격측의 한 선수를 마아크 하는 수비 전법으로 전술의 기본 전술이다.

메디신 보올(medicine ball)
트레이닝을 위하여 만든 것으로 표준 보올보다 약간 무겁다.

멤버 체인지(member change)
시합에 출전하고 있는 선수를 도중에 교체하는 것으로 시합 전에 주심에게 제출한 2~3명의 교대 요원 중에서는 언제든지 교체할 수 있다.

미드 피일드(mid field) ⇨ 중반, 경기장의 한 가운데

⟨바⟩

바운드 보올(bound ball)
땅에 떨어졌다가 퉁겨 올라오는 보올

발리 킥(volley kick)
날아오는 보올을 땅에 떨어지기 전에 차는 방법으로 보올의 속도를 이용하는 킥

백 넘버(back number)
선수의 등번호로 고울 키이퍼가 1번, 레프트 윙이 11번과 같이 포지션이 정해져 있으나 최근에는 그다지 엄격하지 않다. (① GK ② RB ③ LB ④ RH ⑤ CH ⑥ LH ⑦ RW ⑧ RI ⑨ CF ⑩ LI ⑪ LW가 원칙)

백 라인(back line)
백들 전원의 방어진형을 말한다. 드리이 백 라인이나 포오 백 라인 등 방어의 최종 포진을 말하는 경우도 있다.

백 맨(back men)
포오워드 이외의 선수

백 슛(back shoot)
뒤로 돌아서면서 차는 슛

백 스윙(back swing)
보올을 차기 전에 차는 발 전체를 뒤쪽으로 흔드는 동작

백 업(back up)
보올을 키이프하고 있는 자기편을 지원하기 위하여 그 뒤쪽이나 주변에 위치하는 일로, 또는 자기편이 뚫릴 때를 대비해서 후방에 위치하는 일

백 차아지(back charge)
상대방의 뒤에서 상체를 부딪히는 행위로 직접 프리이 킥의 반칙이 주어진다.

백 패스(back pass)
전진하려는 앞쪽에 상대방 선수들이 많이 있어 전진하기 어려울 때 후방에 있는 자기편에게 보올을 넘겨주는 것

보올 리프팅(ball lifting)
발·이마·어깨 등으로 보올을 퉁기는 일을 계속하는 것으로 올바른 자세가 만들어지며, 또한 워어밍업도 된다.

보올 콘트롤(ball control)
보올을 자유자재로 다루는 기술로 상대방에게 보올을 빼앗기지 않도록 잡아서 자기편에게 넘겨주는 기술

보올 키이핑(ball keeping)⇨키이프

보올 펜듀럼(ball pendulum)
공중에다 보올을 매달아 헤딩·킥 등을 연습하는 기구

볼트 시스템(bolt system)
수비를 튼튼히 하는 데 목적을 둔 전법으로, 맨 앞에 있는 상대방의 센터 포오워드를 수비측 선수 2명이 빗장을 걸듯 뛰어들어 막는 전법

불리(bully)
선수들이 한 곳에 모여 보올을 서로 혼잡하게 몰고있는 상태

블로킹(blocking)
상대 선수를 방해하는 일. 보올에 대한 의도없이 방해하면 어브스트럭션 반칙이 됨

⟨사⟩

사이드(side)
진지의 뜻. 하아프 웨이 라인을 경계로 하여 상대 티임의 사이드, 자기 티임의 사이드라고 함. 시합 후반에는 서로 바꾼다.

사이드 라인(side line) ⇨ 터치 라인

사이드 킥(side kick)
보올을 발의 측면으로 차는 킥. 발의 안쪽으로 차는 것을 인사이드 킥, 발등의 바깥쪽으로 차는 것을 아웃프론트 킥이라 한다. 일반적으로 인사이드 킥을 말함

사이드 하아프(side half)
라이트 하아프나 레프트 하아프의 포지션에 대한 호칭

삼각 패스(triangle pass)
공격시에 많이 이용되는 패스의 기본형이다. 마아크 해 오는 상대를 떼 버리기 위해 한 차례 자기 편에게 넘겨준 다음 상대방 방어진을 뚫은 후 다시 패스를 받는다.

섀도우 드리블(shadow dribble)
보올을 갖지 않고 뛰는 사람의 행동에 따르면서 하는 드리블. 일종의 드리블 연습방법이다.

섀도우 런닝(shadow running)
앞의 사람이 여러가지의 런닝을 하고 뒤에 좇는 사람은 앞사람을 흉내내면서 뛴다. 순발력을 기르기 위한 연습의 일종

서어클 킥(circle kick)
3인 이상의 선수가 원형으로 둘러 서서 킥 연습을 하는 것

선심(線審; linesmen)
양쪽 터치 라인을 따라 배치된 2명의 심판으로서 주심을 보좌한다. 깃발을 하나씩 들고 그것을 오르내림으로서 주심과 선수에게 신호를 한다.

세이빙(saving)
고울 키이퍼가 상대편에게 득점을 주지 않기 위한 하나의 기술로 몸을 던져 보올을 막아내는 것

센터 드리이(center three)
5명의 포오워드 중 센터 포오워드와 2명의 인사이드를 합한 3명을 말한다.

센터 라인(center line)
⇨ 하아프웨이 라인

센터링(centering)
공격측이 터치 라인 가까이에서 부터 고울 정면으로 보올을 보내서 득점을 노리는 패스를 말한다.

센터 서어클(center circle)
하아프웨이 라인 중앙에 그려진 반경 9.15m의 둥근 원으로, 킥 오프때 보올을 중심점에 놓는다.

센터 스포트(center spot)
센터 서어클의 중심점. 센터 마아크라고도 한다.

센터 포오워드(center forward)
5명의 포오워드 중 중앙에 위치하는 경기자이며, 공격의 핵심이 되는 포지션이다.

센터 하아프 백(center half back)
투 백 시스템에서 3명의 하아프 백 중앙의 선수를 말하며, 중반의 보올을 주로 다룬다.

축구에 관한 용어 해설

속공(速攻)
상대방이 수비 태세를 갖추기 전에 재빨리 공격하는 방법. 롱 패스나 킥 앤드 러시가 사용된다.

쇼울더 차아지(shoulder charge)
어깨로 상대방의 어깨를 밀면서 몸의 균형을 잃게 하는 방법으로 어깨를 정확히 쓰면 반칙이 되지 않는다.

숏 패스 시스템(short pass system)
자기편끼리 가까운 거리에서 주고 받는 패스로 이 패스는 주로 공격할 때 많이 사용된다.

숏 패스 어택(short pass attack)
보올을 짧게 자기편끼리 패스하면서 상대편 진영으로 점점 쳐들어가는 전법

숏 펀트(short punt)
보올을 낮게 공중으로 차 올리는 기술

슈팅(shooting)
점수를 얻기 위하여 상대 티임의 고울대를 향하여 킥이나 헤딩을 하는 것

슈팅 레인지(shooting range)
슈팅에 의한 득점 가능성이 높은 지역. 두 고울 포스트와 그 옆 페널티 에어리어의 모서리를 연결한 구역

슈팅 보오드(shooting board)
차 보낸 보올이 튕겨 나오도록 실물대로 만든 벽판. 혼자서 킥 연습하는데 편리함

슛(shoot, shooting)
득점하기 위하여 보올을 고울에 차 넣는 것으로, 상대편의 고울 키이퍼가 잡을 수 없는 곳에 패스하는 것이라고도 할 수 있다.

스위퍼(sweeper)
수비진의 최후방을 전문적으로 지키는 선수로 가장 위험한 곳을 커버하는 일을 맡은 예비 풀백. 보올을 청소한다는 뜻에서 붙여진 이름이다. 4·2·4에서 발달했음

스윙(swing)
보올을 차기 위해 다리를 흔드는 동작

스탠딩 헤딩(standing heading)
선 자세에서 취하는 헤딩

스토퍼(stopper)
상대방의 중심 선수(주로 센터 포오워드)를 철저히 마아크 해서 상대방이 시도하는 공격을 처음부터 좌절시키는 역할을 맡은 선수

스토핑(stopping)
보올을 멈추는 기술뿐 아니라 다음 동작으로 옮겨 가기 위하여 보올을 다루는 기술

스트라이킹(striking)
상대 티임의 선수를 치거나 때리려는 행위로 직접 프리이 킥의 벌칙을 받는다.

슬라이딩 태클(sliding tackle)
상대가 드리블이나 패스로 공격해 올 때 자기의 몸을 내던져 공을 빼앗는 태클의 한 방법으로 수비진 선수의 최후의 수단이다.

시스템(system)
고울 키이퍼를 제외한 10명 선수의 포진과 움직이는 방법에 대한 기본 개념. 4·3·3시스템, 4·2·4시

스템, WM시스템 등이 있다.
시이저 패스(scissors pass)
가위와 같은 모양으로 움직이는 패스법으로 실전에서 많이 이용된다.
신 가아드(shin guard)
정강이를 보호하기 위해 스타킹 안에 대는 용구

〈아〉

아웃사이드 라이트 포오워드(outside right forward) = 라이트 윙
아웃사이드 레프트 포오워드(outside left forward) = 레프트 윙
아웃사이드 킥(outside kick)
새끼발가락의 끝 또는 축구화의 바깥쪽 가장자리로서 무릎 아래만을 흔들어 보올을 차는 킥. 아웃 프론트 킥과는 전혀 다름
아웃 오브 플레이(out of play)
보올이 터치 라인을 완전히 넘었을 경우나 주심이 경기의 중지를 명했을 경우 등 경기가 일시적으로 중단된 상태. 그 동안은 정규의 경기시간에 가산하지 않는다.
아웃 프론트 킥(outfront kick)
보올을 발등의 바깥쪽에 대고 차는 킥법으로 보올의 코오스에 변화를 넣을 수가 있다.
어드밴티지 루울(advantage rule)
반칙을 범한 팀에 불리하게 되는 것같은 게임의 진행 상태가 되었다고 판단될 때에 주심은 그 반칙이나 위반을 벌하기 위해 게임을 중단하지 않고 그대로 게임을 속행하는데 대한 규칙. 게임 전체의 진행

상황을 잘 보고 정확한 판단을 내리도록 요구되는 루울이다.
어브스트럭션(obstruction)
보올을 플레이 하는 것이 아니라 상대에게 방해만을 하는 것으로 간접 프리이 킥이 주어진다.
어소시에이션·풋볼(association football)
축구, 즉, 사커의 정식 명칭이다. 세계 축구 연맹을 Federation International de Football Association (F.I.F.A)라고 하며, 대체로 풋볼이라고 부르는 경우가 많다.
어택(attack)
일반적으로 공격이나 태클을 가리키는 것이며, 상대편 고울을 목표로 공격한다는 뜻으로도 해석이 된다.
에어리어(area)
일정한 지역이라는 뜻으로 고울 에어리어, 페널티 에어리어, 코오너 에어리어 등이 있다.
엔드(end) = 사이드
엔드라인(end line) = 고울 라인
엠프티 스페이스(empty space)
상대방에게 마아크되지 않는 자유로운 장소. 공지
연장전(廷長戰; extra time)
규정된 시간내에 승부가 나지 않을 때 이를 결정하기 위해 경기시간을 연장하는 것
오올 멘 디펜스(all men defence)
전원 수비진의 형태. 공격을 맡은 포오워드까지 수비에 가담한다.
오올 멘 어택(all men attack)
전원 공격의 형태. 포지션에 구애를

축구에 관한 용어 해설

받지 않고 공격에 참가하는 형태

오우버 스텝(over step)
워어킹과 마찬가지로 고울 키이퍼가 공을 가진채 4보 이상 걸으면 상대방에게 간접 프리이 킥이 주어진다. 캐리잉(carrying)이라고도 한다.

오우버 헤드 킥(over head kick)
상반신을 뒤로 젖히면서 자기의 머리 너머로 보올을 뒤로 차 보내는 방법

오프 사이드(off side)
상대방의 엔드 안에 들어가 있는 선수와 상대방 고울 라인 중간에 수비측 선수가 없거나 한 사람밖에 없을 때. 그 선수는 오프 사이드 위치에 있게 된다. 이럴 때 자기편으로 부터 패스를 받거나 이 보올을 플레이하면 반칙이 되어 상대 팀에게 간접 프리이 킥이 주어진다.

오프 사이드 트랩(off side trap)
고의로 상대방을 오프 사이드 되게 하기 위하여 쓰이는 전법으로 매우 지능적인 플레이이다. 잘못 사용하면 자기편에 절대 위기가 온다.

오픈 스페이스(open space)
자기편도 상대 팀이도 없는 빈 곳으로 패스의 코오스가 된다. 패스를 받는 자는 마아크를 벗어나서 이곳으로 뛰어 들어야 한다.

오픈 플레이(open play)
보올을 길게 차서 선수들이 모이지 않는 곳으로 범위를 넓히는 플레이

온 사이드(on side)
오프 사이드 위치가 아닌 자유로이 플레이가 가능한 지역

옵셔널 플래(optional flag)
하아프웨이 라인 바깥쪽에 세우는 기

와일드 차아지(wild charge)
위험한 행동

워어밍 업(warming up)
휴식의 타성을 이겨내기 위한 준비 운동이다.

워어킹(walking) = 오우버 스텝

원사이드 커트(one side cut)
마아크 할 때 그 상대가 패스를 보낼 수 있는 방향을 제한하는 수법. 특히 3:2와 같이 공격하는 티임의 선수의 수가 많을 때 그 공격을 막는데 중요하다.

월(whirl)
보올의 위치에 따라 포지션을 바꾸는 일을 말하며, 라이트 윙이 센터로 들어오거나 인너가 사이드 하아프로 바뀌는 일이 많다.

웨이스트 타임(waste time)
로스 타임

윙(wing)
포오워드의 양쪽 끝에 위치하는 선수. 아웃 사이드 포오워드

윙 전법(wing 戰法)
터치 라인을 따라 드리블로 보올을 운반하여 고울 라인 부근에서 센터링을 사용하는 전법

인너(inner)
인사이드 포오워드

윙 하아프 백(wing half back)
투우 백 시스템에서 3명의 하아프 백 중 좌우의 경기자를 말한다. 사이드 하아프

인다이렉트 프리 킥(indirect free kick) = 간접 프리이 킥

인사이드 라이트 포오워트(inside right forward) = 라이트 인너

인사이드 레프트 포오워트(inside left forward) = 레프트 인너

인사이드 스톱(inside stop)
발의 안쪽 넓은 부분으로 보올을 받아 멈추는 기술

인사이드 킥(inside kick)
보올을 발의 안쪽에 대고 차는 키킹의 방법으로 정확한 것이 특징이다.

인스텝 스톱(instep stop)
발등으로 보올을 받아 멈추는 기술. 숙달까지에는 많은 연습이 필요하다.

인스텝 킥(instep kick)
보올을 발등에 대고 차는 키킹의 방법이며, 강하게 멀리 차는데 적합하다.

인터벌(interval)
하아프 타임의 휴게시간

인터벌 트레이닝(interval training)
연습 중간에 휴식을 할 수 있게 또한 강한 연습과 가벼운 연습을 섞어서 하도록 짜여진 연습 방법

인터셉트(intercept)
상대 팀의 패스 코오스를 간파하여 중간에서 보올을 가로채는 것

인프론트 킥(infront kick)
발등의 안쪽에 보올을 대고 차는 방법으로서, 주로 엄지발가락을 써서 보올을 차는 킥 방법

인플레이(inplay)
게임시간 중 직접 보올이 플레아 되고 있을 때의 상태

일레븐(eleven)
축구에서 한 티임을 구성하고 있는 11명의 선수를 통틀어 일컫는 말. 야구에서는 나인(nine)이라고 하는 이치와 같다.

〈자〉

점프 발리 킥(jump volley kick)
옆으로 오는 높은 보올을 점프하여 몸을 옆으로 넘어뜨리면서 차는 킥으로, 긴급할 때 사용하면 큰 위력을 나타낸다.

점프 헤딩(jump heading)
공중으로 날아오는 보올을 점프하여 헤딩하는 일

점핑 애트(jumping at)
상대에게 덤버드는 행동으로 직접 프리이 킥의 벌칙이 주어진다.

조운 디펜스(zone defence)
특정한 상대를 정해서 마아크 하는 것이 아니라 각자가 수비해야 할 지역을 미리 정해놓고 방어하는 방법. 지역방어라고 한다.

주심(主審 ; referee)
선심의 도움을 받아 게임의 원활한 진행에 힘쓰고 쟁점(爭點)을 해결하고 경기 결과에 대해서 최종 판정을 내리는 사람으로서 절대적인 권한을 갖는다.

중반(中盤 ; mid field)
하아프웨이 라인을 중심으로 폭 40~50m의 지역을 말한다. 이 지역에서의 공방전을 중반전이라 한다.

GK = 고올 키이퍼

축구에 관한 용어 해설

지그재그 패스 (zigzag pass)
　패스 연습의 기본적 방법이며 지그재그 형으로 패스해 간다.
직접 프리이 킥 (direct free kick)
　키커 (kicker)가 찬 보올이 다른 경기자에 닿지 않고 그대로 고울인 되어도 득점으로 인정되는 프리이 킥이며, 핸드링 반칙 등 9종목의 반칙이 있을 때 주어진다.
직진 패스 (straight pass)
　자기편에 종으로 패스를 보내고 그 앞으로 대시해 가서 패스를 받는 식의 패스법

〈차〉

차아지 (charge)
　상대방의 어깨를 자기 어깨로 밀어서 상대의 태세를 무너뜨리는 방법으로 보올이 플레이될 수 있는 범위 내에서만 허용된다.
찬스 메이커 (chance maker)
　적절한 판단으로 효과적인 판단을 보내거나 득점으로 연결되는 패스를 보내는 선수를 말한다.
칩 킥 (chip kick)
　보올 밑을 비스듬히 깎듯이 차는 킥. 보올이 역회전하면서 낙하하므로 키커 앞으로 되굴러 오는 것 같은 느낌을 준다.

〈카〉

캐링 (carrying)
　고울 키이퍼가 보올을 가지고 5 걸음 이상 것는 것으로 이 경우 상대 티임에게 간접 프리이 킥의 벌칙이 주어진다.
캐칭 (catching)
　고울 키이퍼가 상대편이 숫한 보올을 두손으로 잡는 기술
커버링 (covering)
　자기편 수비진이 실패했을 경우나 또는 공격에 참가해서 자기편 선수를 지원할 경우 후방에서 우군 플레이어를 도와주는 것
커트 (cut)
　상대편의 패스를 중간에서 가로채는 것으로 인터셉트와 같은 뜻
코오너 에어리어 (corner area)
　고울라인과 터치라인이 마주치는 모서리에 그려진 4분의 1 짜리 둥근 원안의 지역
코오너 킥 (corner kick)
　보올이 마지막으로 수비측 선수의 몸에 맞고 고울라인 밖으로 나갔을 경우 공격 티임에 주어지는 프리이 킥. 코오너 에어리어 안에 보올을 놓고 킥한다.
코오너 플랙 (corner flag)
　각 코오너에 세워진 깃발로서 길이 1.5m 이상되는 깃대에 단다.
콤비네이션 패스 (combination pass)
　2 명 이상이 드리블, 숏 패스, 롱 패스, 센터링 등을 결합하여 패스하면서 공격하는 전법
콤비네이션 플레이 (combination play)
　패스가 여러가지로 결합된 일정한 형의 플레이로 고울 킥, 코오너 킥, 프리이 킥, 드로우인, 킥 오프 등

217

에서 사용된다.
콘덕트 바이얼렌트(conduct violent)
심판에게 폭언을 하거나 욕설을 하는 행위로 퇴장을 당하게 된다.
콘트롤(control)
보올이나 자기의 몸을 뜻하는 대로 움직이거나 처리하는 일
크로스 바아(cross bar)
두 개의 고울 포스트 위를 가로지르는 것. 고울은 두 개의 고울 포스와 크로스 바아로 이루어 진다. 길이 7.32m, 폭 12m 이하로 규정되어 있다.
크로스 패스(cross pass)
공격을 좌우로 바꾸어 변화를 가져오게 하고 상대 수비가 허술한 방향으로 공격할 수 있게 하는 효과적인 방법
클리어링(clearing)
수비측의 경기자가 고울 앞의 위험구역에서 보올을 크게 차내어 상대 티임의 공격을 극복해 나가는 일
클린 슛(clean shoot)
네트에 박히는 듯한 뚜렷하고 깨끗한 슛을 말한다.
키이퍼 차아지(keeper charge)
고울 키이퍼에 대하여 가하는 부당한 행위
키이프(keep)
보올을 자신의 콘트롤 아래 두는것. 자신이나 자기편끼리 보올을 계속 몰고 나가는 것
키커(kicker)
프리이 킥이나 코오너 킥 등에서 보올을 차는 선수

키킹(kicking)
보올을 차는 방법으로 인사이드 킥, 아웃사이드 킥 등 여러가지가 있다.
킥(kick)
발로 보올을 차는 것
킥 앤드 러시(kick and rush)
상대방이 없는 장소에 보올을 길찌차 주면 포오워드가 쫓아가 스피이드로 공격을 전개하는 방법, 체력이 강한 티임이 사용하는 효과적인 전법
킥 오프(kick off)
시합 개시, 후반전 개시, 득점후의 시합 재개 때 보올을 그라운드 중앙에 놓고 킥 오프로 시작된다. 이 때 상대편은 센터 서어클 안에 들어오지 못함

〈타〉

타임 업(time up)
시합의 종결, 타임 아웃
태클(tackle)
상대가 가지고 있는 보올을 빼앗기 위하여 직접 뛰어드는 기술. 슬라이딩 태클
터치 라인(touch line)
경기장 양쪽에 그어진 90m～120m의 선으로 보올이 이 선으로 나가게 되면 드로우인이 된다.
터치 아웃(touch out)
보올이 터치라인 밖으로 나가는 경우를 말한다.
토스(toss)
어느 쪽이 킥 오프를 하느냐를 결

정하기 위하여 동전 같은 것을 던져 그 표리를 가지고 결정하는 것.

토우 킥(toe kick)
발 끝으로 차는 킥으로 강하게 찰 수는 있으나, 보올이 닿는 면적이 좁아서 부정확하며 실전에서는 그다지 쓰이지 않는다.

톱 컨디션(top condition)
몸의 컨디션이 가장 좋은 상태. 보통 4주간 계속된다고 함

퇴장(退場; sent off the field)
난폭한 행위나 현저하게 부정한 행위를 할 때, 욕설을 하거나 혹은 경고를 받고도 부정한 행위를 계속할 경우에 주심은 퇴장을 명할 수 있다. 퇴장한 선수에 대한 보충은 인정하지 않는다.

투우 백 시스템(two back system)
2 FB 형, 포진은 풀백 2명, 하아프 3명, 포오워드 5명이며, 1930년까지의 포진이었다. 지금도 중학교 티임 등에서 사용되고 있다.

트라이앵글 패스(triangle pass)
⇨ 삼각 패스

트래핑(trapping)
스토핑의 응용 동작으로 상대방을 속이거나 공격을 피하는 방법

트리핑(tripping)
상대방의 발을 걸어 넘어뜨리거나 상대의 앞이나 뒤에서 몸을 움추려 상대를 넘어뜨리거나 넘어뜨리려할 때의 반칙 행위로 직접 프리이 킥의 벌칙을 받는다.

트릭 플레이(trick play)
프리이 킥 등에서 득점을 목표로 상대 티임의 판단을 혼란시키는 속임수의 콤비네이션 플레이

〈파〉

파울(foul)
경기 규칙에 정해진 부정 행위나 반칙 행위

파울 드로우(foul throw)
드로우인 할 때 행해지는 부정 행위, 이때에는 상대편에게 드로우인이 주어짐

파울 플레이(foul play)
부정 행위, 반칙

파이브 스텝(five step)
고울 키이퍼가 보올을 가지고 5보 이상 걸었을 경우의 반칙이며, 이 경우 상대 티임에게 간접 프리이 킥이 주어진다.

펀트 킥(punt kick)
고울 키이퍼에게만 사용되는 것으로 잡았던 보올을 땅에 떨어지기 전에 차는 킥의 방법

패스(pass)
자기편에게 보올을 정확히 넘겨주는 기술. 축구는 패스의 경기라 할 수 있다.

패스 앤드 고우(pass and go)
자기편에게 패스한 뒤 즉시 비어있는 곳으로 달려가 리터언 패스를 받기 쉽도록 준비하는 것. 패스 앤드 런, 패스 앤드 러시

패스워크(passwork)
패스로서 공격의 체계를 잡아가는 기술

축구에 관한 용어 해설

패싱 앵글(passing angle)
상대 팀의 방해를 받지 않고 자기편에게 패스를 보낼 수 있는 각도. 상대가 접근할 수록 각도가 좁아진다.

펀칭(punching)
고울 키이퍼가 페널티 에어리어 안에서 고울을 향해 날아오는 보올을 잡기 어려울 경우 보올을 주먹으로 쳐내는 동작

페널티 에어리어(penalty area)
고울 앞에 설정된 가로 40.33m, 세로 16.5m 되는 지역. 이 안에서 수비진이 직접 프리이 킥에 해당하는 반칙을 범하면 상대 팀에게 페널티 킥이 주어진다.

페널티 킥(penalty kick)
자기 진영의 페널티 에어리어 안에서 자기편이 직접 프리이 킥에 해당하는 반칙을 범했을 경우 상대 팀에게 주어지는 킥

페널티 킥 마아크(penlty kick mark)
페널티 킥을 실시하는 지점으로 미리 고울라인으로부터 11m 떨어진 지점에 표시해 둔다. 페널티 스포트, 페널티 마아크

페인트(feint)
상대 팀 선수의 판단을 잘못하게 하려는 속임수의 동작이며, 킥하는 모션을 취했다가 드리블하는 경우 등 여러가지 방법이 있다.

포오메이션(formation)
공격이나 수비에 대한 팀 특유의 대형이나 움직임을 말함

포오워드(forward : FW)
팀의 맨 앞줄에 위치하는 경기자들로서 공격을 담당한다. 4~5명이 보통이다.

포오워드 라인(forward line)
포오워드들이 구성하는 공격 위주의 포진. 옆으로의 1렬이 아니라 W자 형으로 위치하는 것이 보통이다.

포인트(point)
고울인된 득점

포지션(position)
각 선수들이 맡는 구실에 따라 차지하는 위치. 실전에서는 이 위치가 고정되어 있지 않고 수시로 바뀜

포지션 체인지(position change)
시합 중에 선수가 위치를 서로 바꾸는 일로 상대 팀 선수의 마아크를 교란시키는 효과가 있음

포지션 플레이(position play)
시합의 진행 중 각 선수가 가장 효과적인 포지션으로 움직이는 일. 각 포지션 특유의 움직임을 말하는 때도 있다.

포스트 플레이(post play)
자기편으로부터 패스를 받아 그 자리에서 논 스톱으로 슈팅을 하거나 머리로 헤딩, 득점을 올리는 것으로 말뚝 작전이라고도 한다.

폴로우(follow)
보올을 따라 좇아가는 것

폴로우 업(follow up)
보올을 키이프하고 있는 자기편 선수의 후방이나 가까이에 위치하여 키이프하는 자를 지원하는 일

푸싱(pushing)
　손이나 발로 상대방을 밀거나 찌르거나 하는 행위로 반칙이 되며 상대방에게 직접 프리이 킥이 주어진다.
풀백(full back)
　고울 바로 앞에 자리잡고 수비진의 최후방을 지키는 선수로 보통 2~3명이 선다.
프라이라우펜(freilaufen)
　상대방의 마아크에서 벗어나 자유롭게 패스를 받을 수 있는 위치로 뛰는 동작
프론트 태클(front tackle)
　정면에서 상대방을 막는 태클
프리이(free)
　마아크에서 벗어나 패스를 받기 쉬운 상태
프리이 킥(free kick)
　반칙 행위가 있을때 벌칙으로 상대 티임에게 주어지는 킥. 그 지점에 보올을 놓고 차며, 직접 프리이 킥과 간접 프리이 킥이 있다. 자유축(自由蹴)
플라이 보올(fly ball)
　공중으로 날아오는 보올
플레이 온(play on)
　경기를 계속해서 진행하는 것. 경기 중 반칙이 있었으나 어드밴티지 루울을 적용하여 주심이 경기를 중단시키지 않고 속행하는 일
플레이스 킥(place kick)
　킥 오프 등 정지해 있는 보올을 차는 일
플레이어(player)
　경기자, 즉 선수를 말한다.
피스팅(fisting) =⇨펀칭
피이드(feed)
　보올을 공급한다는 뜻으로 특히 전방에 있는 자기편에게 좋은 패스를 보내는 것을 말한다.
피일드(field)
　경기장, 그라운드(ground) 라고도 한다.
FIFA
　세계축구연맹. Federation International de Football Association의 약칭으로 스위스에 본부가 있음

〈하〉

하아프 매치(half match)
　그라운드의 반쪽을 사용하여 실전을 행하는 일종의 연습 방법
하아프 발리 킥(half volley kick)
　보올이 그라운드에 떨어져 바운드하는 순간을 잡아서 차는 킥의 방법
하아프 백(half back)
　포오워드와 풀백 중간에 있는 경기자들이며, 투우 백에서는 2명, 드리이 백에서는 3명이 보통이다. HB.
하아프웨이 라인(half way line)
　두 터치라인의 중점을 연결하여 경기장을 2분하는 라인으로 양 티임 진지의 경계선이 된다. 센터 라인이라고도 한다.
하아프웨이 플랙(halfway flag)
　하아프웨이 라인과 터치라인의 교차점에서 바깥쪽으로 1m 떨어진

곳에 세우는 깃발. 높이 1.5m 이상으로 규정되어 있다.

하아프 타임(half time)
전반과 후반 사이의 휴식시간. 보통 5분 정도이지만 국제시합에서는 10분 정도이다.

해트 트릭(hat trick)
한 명의 선수가 한 경기에서 혼자 3점을 올리는 것

핸드 킥(hand kick)
손에 든 보올을 땅에 떨어뜨리고 그 보올이 땅에 닿기 전에 차는 킥. 주로 고울 키이퍼가 사용한다.

핸드링(handling)
고울 키이퍼만이 페널티 에어리어 안에서만 손을 사용할 수 있지만 다른 선수들은 어떠한 경우에도 손을 사용할 수 없게 되어 있다. 이를 어기게 되면 핸드링이 되어 상대 티임에게 직접 프리이 킥이 주어진다.

헤딩(heading)
날아오는 보올을 이마로 받아 보내는 일. 축구에서만 사용되는 독특한 기술이다.

헤딩 슛(heading shoot)
헤딩으로 슛하는 기술

호울딩(holding)
손이나 팔로 상대방을 잡거나 당기거나 하여 자유로운 경기를 할 수 없게 하는 행위로 상대 티임에게 직접 프리이 킥이 주어진다.

홈 앤드 어웨이(home and away)
리그전에서 자기 나라의 홈 그라운드에서 시합을 하고 상대 티임 나라의 그라운드에서 다시 한 번 시합을 하는 경기 방법

휘슬(whisle)
주심이 경기의 진행을 정지시키기 위해 부는 호각

히일 백(heel back)
발뒤꿈치로 보올을 차거나 또는 밀어서 보내주는 것

히일 킥(heel kick)
발뒤꿈치로 받아 뒤로 넘기거나 또는 머리 너머로 패스하는 킥 방법

現代를 살아가는

● 監 修 ●

李 愚 鉉
대한축구협회 심판위원장

• 35년 서울 태생
• 중동고교 졸업
• 경희대 체육과 졸업
• 국제축구심판 역임
• 서울대 축구팀 코치 겸 강사

축 구 교 본

■ 편저자 / 스포츠書籍編輯室
■ 발행자 / 남   용
■ 발행소 / 一信書籍出版社

주소 : 121-110 서울 마포구 신수동 177-3
등록 : 1969. 9. 12. NO. 10-70
전화 : 영업부 703-3001~6
　　　 편집부 703-3007~8
　　　 FAX 703-3009

© ILSIN PUBLISHING Co. 1992.

ISBN 89-366-0933-5   값 10,000원